novum pro

Caspar von der Crone

DAS LOBBY KARTELL

Eier, Geflügel- und Wildfleisch –
Biografie über Insider
und Marktbeteiligte

novum pro

Bibliografische Information
der Deutschen Nationalbibliothek:

Die Deutsche Nationalbibliothek
verzeichnet diese Publikation in
der Deutschen Nationalbibliografie.
Detaillierte bibliografische Daten
sind im Internet über
http://www.d-nb.de abrufbar.

ISBN 978-3-99107-766-4
Lektorat: Volker Wieckhorst
Umschlagfotos: Sergei Kuzmin,
Lubov Chipurko | Dreamstime.com
Umschlaggestaltung, Layout & Satz:
novum Verlag
Innenabbildungen:
siehe Bildquellennachweis S. 200

Gedruckt in der Europäischen Union
auf umweltfreundlichem, chlor- und
säurefrei gebleichtem Papier.

www.novumverlag.com

INHALTSVERZEICHNIS

VORBEMERKUNG

Das Buch soll Hintergrundwissen vermitteln. Der Zeitraum umfasst einen Großteil meines beruflichen Wirkens, insbesondere die Verbandsarbeit im Bereich des Eier-, Geflügelhandels, der Verarbeitung und Vermarktung von Wildfleisch und Geflügelfleisch. Vieles entstammt meiner Erinnerung und soweit ich auf von mir veröffentlichte Publikationen zurückgreifen kann.

Die allgemeinen Hintergrundinformationen entstammen Internetrecherchen und Artikeln in Fachzeitschriften. Zudem wurden von mir zahlreiche Beiträge in Fachzeitschriften und wissenschaftlich fundierte Publikationen während und nach meiner Promotion im Bereich Wirtschaftswissenschaften und Management veröffentlicht.

Auf Namen der Beteiligten wurde bewusst verzichtet, soweit möglich auch die Nennung von Unternehmen. Interessensverbände spielten dabei eine sehr große Rolle, und die Nennung der jeweiligen Organisation dient als Informationsgrundlage, ohne die eine strukturelle Gestaltung nicht möglich wäre. Im Vordergrund standen jedoch Objektivität und Neutralität, denn es geht nicht darum, Anschuldigungen gegenüber Beteiligten zu treffen, sondern um eine nüchterne Betrachtung der Gegebenheiten.

Im Internet sind viele der damaligen Ereignisse nachzulesen. Es gibt dazu zahlreiche Veröffentlichungen diverser Medien. Vor allem das Krisenmanagement durch Fehlentscheidungen, mangelnde Sicherheitsvorkehrungen in Bezug auf Hygiene und Rückstände gaben dazu immer wieder Anlass. Aber auch kriminelle Hintergründe, die der Bereicherung dienten, waren von Bedeutung und sind ebenfalls dokumentiert und in Urteilen verschiedener Gerichtsverfahren in entsprechenden Dokumenten nachzulesen.

PROLOG

Es ist lange her, da waren die Hühner noch glücklich, konnten sich im Freien bewegen und zufrieden. Stimmt das wirklich, oder ist es nur unsere Vorstellung, was Tiere empfinden, indem wir uns in das vermeidliche Wohlbefinden hineindenken?

Tatsächlich waren die Hühner weiteraus besser gestellt als heute. Selektion, Töten der männlichen Brüder, wer hätte auch nur ansatzweise daran gedacht? All das gab es nicht, die Welt war noch in Ordnung, jedenfalls aus Sicht unser fleißigen Wegbegleiter.

Überall gab es Nester, auf dem Dachboden, Misthaufen oder versteckt hinter Strohballen. Glucken, die das Eierlegen und die Aufzucht im Sinn hatten. Voller Freude habe ich all das beobachtet und hatte kein Verständnis, dass die Eier nicht mehr verwertet werden konnten. Küken gab es leider auch nicht, dafür waren die Hähne wiederum nicht ehrgeizig genug.

Als kleiner Junge auf dem Bauernhof durfte ich all das erleben, eine schöne Zeit. Allerdings nicht für die Hähne, die die Oberaufsicht über ihre Hennen hatten und mir nicht wohlgesonnen waren. Vielleicht war es aber auch nur Rache, denn die Futtertröge und vor allem Wasserbehälter umzukippen haben Spaß gemacht, und ich bekam dies zu spüren. So dumm waren die Tiere nicht und wurden angriffslustig. Es gab so mache durchaus schmerzhafte Auseinandersetzung.

Meine Reaktion war aber intensiver, denn immer zum Geburtstag gab es eines dieser Hähne, die mich vorher attackiert hatten. Das ist lange her, zeigt aber eine innige Beziehung zu den Tieren, und es hat Freude bereitet, das liebe Federvieh zu betreuen.

Hühner zählen zu den ältesten Haustieren. Sie liefern Eier, Fleisch und Federn, sind leicht zu halten und verwerten sogar unsere

Bioabfälle in Form von Essenresten sehr gut. Doch wie rücksichtlos verhalten wir uns gegenüber den Tieren? Verdient haben sie es nicht.

Mit dem Schulabschluss begann eine neue Ära. Ich absolvierte eine zweijährige landw. Berufsausbildung mit Bestnote als Landwirtschaftsgehilfe. Nach der landw. Fachschule bekam ich aufgrund meiner guten Noten ein Stipendium, und das sollte der Einstieg für weitere Bildungsmöglichkeiten sein.

Landwirtschaft war zwar okay, aber Bauer eines landw. Gemischtbetriebes entsprach zu der Zeit nicht mehr meiner Vorstellung einer beruflichen Karriere. Ich wollte mehr und dachte zunächst an ein Studium im Bereich Elektrotechnik, was mir immer Freude bereitet hatte. EDV spielte Anfang der 70er-Jahre noch keine besondere Rolle, Personal Computer gab es für den privaten Bereich damals nicht.

Zum Glück habe ich mich aber anders entschieden und für ein landw. Studium eingeschrieben und erfolgreich als Dipl.-Ing agr. abgeschlossen. Der elterliche Betrieb bot für mich keine Zukunft, wenngleich mein Vater enttäuscht war, aber doch Verständnis für meine Entscheidung aufbrachte.

Nach dem Abschluss folgte direkt der Berufseinstieg bei der Deutschen Gesellschaft für Landentwicklung, Münster (existiert nicht mehr). Meine Aufgabe bestand in der Erstellung von Betriebsentwicklungsplänen für landw. Erzeugung, vornehmlich im Bereich der Schweinehaltung. Damit begann der Einstieg ins eigentliche Berufsleben, und es war eine erfahrungsreiche Zeit, die sich völlig vom bisherigen Studentenleben und der Tätigkeit auf dem Bauernhof unterschied. Auf Dauer fehlte allerdings die Herausforderung. Eine Stellenausschreibung der Zentralen Markt- und Preisberichte ZMP für die Marktberichterstattung Eier und Geflügel interessierte mich. Eineinhalb Jahre später nach dem Berufseinstieg begann meine Karriere in Bonn, wo letztendlich alles begann.

DER EINSTIEG: WIE ALLES BEGANN

Als ich 1976 Mitarbeiter der ZMP wurde, gab es noch althergebrachte Strukturen und Arbeitsmethoden der 50er-Jahre, woran ich mich zunächst gewöhnen musste. Die Aufgabenstellung umfasste zunächst die Marktberichterstattung für den Bereich Eier und Geflügel. Es erfolgten wöchentliche Rundschreiben, die noch mit der Schreibmaschine erstellt und anschließend im Offsetdruckverfahren aufbereitet wurden. Dies war mit einem sehr hohen Aufwand und Disziplin verbunden, denn Korrekturen bedeuteten fast immer eine neue Aufbereitung der Druckvorlagen. Über Teletext wurden Daten erhoben und Kurzmeldungen versandt. Fax und Mail gab es zu der Zeit noch nicht.

Das änderte sich mit der Zeit. Es gab ein EDV-Referat, das für den Bereich Computertechnologien und Kommunikation zuständig war. Die Programmierung erfolgte über Lochkarten. Die Bereitschaft zu grundlegenden Veränderungen war aufgrund des damit verbundenen hohen Aufwands noch sehr zurückhaltend. Ein damaliger Kollege und ich haben deshalb die Initiative ergriffen, etwas Neues auf den Weg zu bringen. Wir installierten ein entsprechendes Novell-Netzwerk und die Installation von PCs und Druckern, wodurch die Schreibmaschine entbehrlich wurde. Das war zu dieser Zeit revolutionär. Damit wurde ein Grundstein gelegt, der für mich und meinem damaligen Kollegen, wir sind heute sehr gute Freunde, den Einstieg in die berufliche Karriere förderte. Das Aufgabenfeld wuchs, und es kamen neue Initiativen hinzu.

Die Zentrale Markt- und Preisberichtstelle für Erzeugnisse der Land-, Forst- und Ernährungswirtschaft, ZMP GmbH [1], war ein Wirtschaftsunternehmen mit Sitz in Bonn und Außenstellen in Berlin und Hamburg und wurde von der deutschen Agrar- und

1 https://de.wikipedia.org/wiki/Zentrale_Markt-_und_Preisberichtstelle_für_Erzeugnisse_der_Land-,_Forst-_und_Ernährungswirtschaft

Ernährungswirtschaft finanziert. Die Aufgabe bestand darin, dass Marktgeschehen im Interesse der Beteiligten entlang der Prozesskette neutral zu durchleuchten und zu bewerten. Das betraf die gesamte tierische, aber auch pflanzliche Produktion sowie Obst und Gemüse. Die ZMP wurde 1950 als Selbsthilfeeinrichtung der deutschen Landwirtschaft gegründet und als Durchführungsgesellschaft des Absatzfonds zur Sicherstellung der Markttransparenz berufen. Sie stellte damit ein äußerst wichtiges Instrument zur neutralen Beobachtung und Beurteilung der Situation an den Märkten dar. Ich war 16 Jahre Mitarbeiter der ZMP, zunächst im Bereich Eier und Geflügel und zuletzt als Leiter Marketing und Vertrieb, eine außerordentlich interessante Tätigkeit, die vor allem einen tiefen Einblick in die damalige Produktionsentwicklung am Eier- und Geflügelmarkt gab. Dank dieser Tätigkeit konnte ich zahlreiche Veröffentlichungen und Publikationen herausgeben. Damit stieg letztendlich der Bekanntheitsgrad in der Branche, und das Fachwissen wurde von vielen geschätzt.

Das Hintergrundwissen und aufgebaute Netzwerk waren letztendlich von unschätzbarem Wert für die weitere berufliche Laufbahn als Interessenvertreter diverser europäischer und nationaler Verbände. Es ermöglichte den direkten Zugang zu Behörden und zur EU-Kommission. Daraus entwickelten sich internationale Kontakte und entsprechende Kompetenzen.

Neben der ZMP diente die Centrale Marketing Gesellschaft der Deutschen Agrarwirtschaft mbH, CMA [2], einst als Durchführungsgesellschaft des Absatzfonds [3] zur Förderung des Absatzes von deutschen Produkten der Land- und Ernährungswirtschaft im In- und Ausland. Die CMA wurde wie auch die

2 https://www.spektrum.de/lexikon/ernaehrung/centrale-marketing-gesellschaft-der-deutschen-agrarwirtschaft-mbh/1569

3 https://de.wikipedia.org/wiki/Centrale_Marketing-Gesellschaft_der_deutschen_Agrarwirtschaft

ZMP ebenfalls hauptsächlich von der deutschen Landwirtschaft finanziert. Ihre wichtigsten Arbeitsbereiche waren die klassische Werbung, Messen und Ausstellungen, Großverbraucher- und Öko-Marketing, die Marktforschung im In- und Ausland, Fortbildungen, Öffentlichkeitsarbeit und die Qualitätssicherung. Im Rahmen der Qualitätssicherung wurde 1972 das CMA-Gütezeichen für die hohe Qualität deutscher Lebensmittel eingeführt. Ende der Achtzigerjahre folgte das Prüfsiegel für Qualitätsfleisch, das schon damals einer durchgängigen Prozesskontrolle unterlag.

Die ZMP und CMA erhielten neben Eigenleistungen Mittel aus öffentlicher Hand, dem Absatzfonds [4], der die eigentliche Finanzierungsgrundlage darstellte und damals als sicher und zukunftsorientiert galt. Diesen Anspruch konnte vor allem die ZMP für sich verbuchen, während die CMA als Marketinggesellschaft für deutsche Agrarprodukte stand und diese mit viel Geld unterstützte. Herkünfte aus anderen Ländern waren tabu. Das wurde auch so von den maßgeblichen Gesellschaftern, dem Deutschen Raiffeisenverband und Deutschen Bauernverband, eingefordert. Allerdings gab es mehr und mehr Bedenken und auch Kritik aus den benachbarten EU-Ländern. Diese hatten auch Vermarktungsstrategien für ihre Produkte, doch auf anderer Rechtsgrundlage, und sie waren vor allem weniger national ausgerichtet. Das Urteil des Bundesverfassungsgerichts 2009 stellte fest, dass diese als Finanzierungsgrundlage der CMA und ZMP dienenden Beiträge gemäß Absatzfondsgesetz als Sonderabgabe mit dem Grundgesetz unvereinbar und bis dahin geltende Regelungen nicht möglich sind. Damit entfiel die wichtigste Finanzierungsgrundlage beider Gesellschaften. Aus Eigenmitteln konnte der Betrieb nicht aufrechterhalten werden. Beide Unternehmen stellten daraufhin ihren Betrieb ein.

---

4 https://de.wikipedia.org/wiki/Absatzförderungsfonds_der_deutschen_Land-_und_Ernährungswirtschaft

Der Zentralverband Eier, Mitgesellschafter der CMA, begrüßte das Urteil und hatte zuvor seine Mitglieder aufgefordert, die Auflösung der CMA zu unterstützen. In der Folge wurde ich von der CMA zur Unterlassung aufgefordert. Aber das ist Geschichte. Bedauerlicherweise entfiel mit dem Urteil auch die finanzielle Grundlage der ZMP.

Als Nachfolgeorganisation konnte 2010 die Agrarmarkt Informations-Gesellschaft mbH (AMI) [5] gegründet werden. Die AMI greift einen Teil des Aufgabenfeldes auf, das die ZMP bis Anfang 2009 abdeckte. Das Unternehmensziel steht in der Vermarktung zuverlässiger Markt- und Strukturdaten, Marktanalysen und Prognosen an interessierte Unternehmen, Organisationen, Politik/Verbände und sonstige Auftraggeber aus allen Bereichen der Agrarwirtschaft.

Der Eier und Geflügelbereich wird allerdings nicht von der AMI analysiert. Aufgrund der Gesellschafterstruktur, zu dem neben anderen Verbänden und Organisationen auch der Zentralverband der Deutschen Geflügelwirtschaft e. V. ZDG [6] gehört, wurde dies von der Geflügelwirtschaft auf die MEG [7] übertragen. Dazu aber später weitere Details.

---

5 https://www.ami-informiert.de/ami-maerkte

6 https://zdg-online.de

7 https://www.marktinfo-eier-gefluegel.de

DER WECHSEL IN DIE VERBÄNDE

Meine Karriere bei der ZMP endete 1992 nach über 15 Jahren. Zu dem Zeitpunkt galten die ZMP und CMA noch als wichtige Institutionen der Agrarwirtschaft, und niemand konnte ahnen, dass beide Organisationen aufgrund der Entscheidung des Verfassungsgerichts später liquidiert werden mussten.

Zu dieser Zeit wurde ein neuer Geschäftsführer als Nachfolge für den bevorstehenden Ruhestand der bisherigen Leitung für die Verbände des Groß- und Außenhandels für Eier und Geflügel gesucht. Ich hatte zum Verband gute Kontakte, er gehörte, wie viele andere Organisationen, zum Umfeld der ZMP. Man nahm Kontakt auf, und ich habe mich dann für einen Wechsel in die Verbandstätigkeit entschieden.

Die neue Aufgabe bestand darin, die Interessenvertretung der verschiedenen Verbände wahrzunehmen. Dazu gehörten seinerzeit auch der Bundesverband der Deutschen Eiprodukten-Industrie als eigenständige Organisation und die Eier Logistiksysteme GmbH (ELS). Allerdings musste ich sehr bald feststellen, dass Verbandsarbeit in sehr großer Abhängigkeit von dem Willen und der Führung der jeweiligen Vorsitzenden stand. Meine Entscheidungsbefugnis hielt sich in Grenzen. So hatte ich mir das zu diesem Zeitpunkt nicht vorgestellt. Außerdem gab es auch hier Strukturen, die ein Umdenken erforderten, was aber auch Vorteile mit sich brachte. Dank meiner guten Kenntnisse im Bereich der EDV konnte ich schnell ein entsprechendes EDV-Netzwerk mit Computern und Druckern aufbauen. Es gab sogar Internet für erste Mails und den Versand von Faxen. Bisher hatte die Schreibmaschine, wenn auch etwas fortschrittlicher, die Dominanz.

Der Stellenwert in der Branche erwies sich für kleine Verbände als gering. Mit nur 1,5 Mitarbeitern musste ein Umdenken erfolgen. Es gab also viel zu tun, und dank meiner vielen Kontakte, die ich während meiner vorherigen Tätigkeit aufgebaut hatte, gelang es, Aufmerksamkeit zu erringen. Kommunikation stand an erster Stelle und erwies sich als elementares Instrument. Durch schnelle Verbreitung von wichtigen Informationen über das Geschehen auf der politischen und gesetzgeberischen Seite gelang es, Aufmerksamkeit zu erlangen. Die Mitglieder konnten auf Grundlage anstehender und möglicher Änderungen im Bereich der Produktion, der Vermarktung oder Vorgaben für den Im- und Export durch Zölle und andere Regelungen, die Auswirkungen auf den Handel hatten, vorausschauend Entscheidungen treffen. Damit wuchsen das Interesse und die Zahl der Mitglieder stetig, und aus dem anfänglich kleinen Verband wurde ein ansehnlicher. Es war wichtig, dabei zu sein. Das galt auch für die anderen Verbände der gemeinsamen Geschäftsstelle.

Rundschreiben sind eine wichtige Informationsquelle. Der Einsatz moderner Kommunikationstechnik ermöglichte den parallelen Versand von Faxen, später wurde dieser auf E-Mail umgestellt. Die Errichtung einer Homepage führte zu einer weiteren Informationsplattform für die teilnehmenden Betriebe. Schnell waren die Verbandsrundschreiben und Mitteilungen über das aktuelle Geschehen europaweit und darüber hinaus bekannt. Der Arbeitsaufwand hatte sich dadurch erheblich vergrößert, sodass weitere Mitarbeiter eingestellt werden mussten. Das anfänglich sehr kleine Büro verdoppelte sich in der Größe.

Trotz allem bereitete die reine Verbandsarbeit nicht allzu viele Herausforderungen. Deshalb war ich auf der Suche nach neuen, weiteren Tätigkeiten. Zunächst wurde der Verlag Informationsbriefe, der Basis für die Erstellung von Rundschreiben, Veröffentlichungen, Sammlungen von Rechtsvorschriften und Berichten war, in ein kommerziell ausgerichtetes Unternehmen, der Gesellschaft für Information und Logistik mbH, GIL, neu ausgerichtet. Gesellschafter waren die Bundesverbände Eier, Geflügel und Wild mit jeweils gleichen Anteilen. Die GIL, vorsteuerabzugsberechtigt, war letztendlich Mieter der Räumlichkeiten, und es konnten auch Dienstwagen und Reisetätigkeiten darüber abgewickelt werden.

Die GIL finanzierte sich aus dem Verkauf von Nachrichten und anderen Dienstleistungen, die nicht zur Verbandstätigkeit zählten, wie zum Beispiel die Organisation von Veranstaltungen.

TEIL I

DIE EIERLOBBY

Einleitung

Bauernhofidylle, Misthaufen und frei laufende Hühner, das waren die 50er-Jahre. Der steigende Wohlstand, angepasste Infrastrukturen verbunden mit mehr Wohnraum in den Stätten, erste Hochhäuser erforderten ein Umdenken. Platz für Hühner war nicht mehr gegeben, und die Welt hat sich neu orientiert. Aber wie sollte die Versorgung mit Eiern und Hühnerfleisch sichergestellt werden? Es begann mit der Bodenhaltung, an Freiland dachte damals niemand, warum auch? Die ersten Legehennenställe waren mit Nestern, Scharrfläche und Kotgruben ausgestattet und konnten auch in Eigenleistung errichtet werden. Während meiner Zeit als Landwirt oder Bauer habe ich solche Einrichtungen auf dem elterlichen Betrieb eingerichtet. Das Futter wurde über Längs- oder große Rundtröge zugeführt, und es gab Rinnentränken. Das funktionierte sehr gut. Auch die Hühner fanden es gut, wenngleich es keine männlichen Begleiter mehr gab. Diese wurden nach dem Schlupf schon damals aussortiert und als nicht verwendungsfähig betrachtet. Aufgeregt hat es zu dieser Zeit niemanden.

Eine Zeit der Innovation und notwendiger Erneuerungen war gekommen. Um den Ertrag maßgeblich zu steigern, letztendlich aber auch, um der steigenden Nachfrage nach Lebensmitteln gerecht zu werden, befand sich die tierische Produktion im Umbruch. Die bäuerliche Idylle wich dem innovativen und konventionellen Landbau mit wachsenden Strukturen.

Die größte Errungenschaft im Bereich der Legehaltung waren die sogenannten Käfige. Erstmals konnten wesentlich mehr Tiere in einem Stall gehalten werden, und diese Art der Legehennenhaltung galt damals als ein wichtiger Fortschritt. Tierwohl und Tierschutz standen nicht zur Diskussion, denn neben Sicherstellung der Versorgung der Bevölkerung mit preiswerten Nahrungsmitteln stand die Gewinnoptimierung im Vordergrund. Die Eier rollten nach dem Legen nach vorne in die Ablage und konnten somit leicht entnommen werden. Auch das war mit einer bestimmten Hygiene verbunden, denn statt schmutziger Eier, die üblicherweise in Nestern mit Stroh oder anderen Materialien oder im Scharrbereich abgelegt wurden, gab es nur noch saubere Eier, und diese Haltungsform stand als Modell der Zukunft.

Tatsächlich hat sich im Laufe der Zeit die Käfighaltung revolutionär weiterentwickelt, statt der einfachen Futtertröge, die manuell bedient werden mussten, gab es Futterketten, die vollautomatisch funktionierten, und auch die Eier mussten nicht mehr manuell eingesammelt werden, konnten direkt über Legebänder zur Sortieranlage geschickt werden. Das ermöglichte völlig neue Strukturen und andere Größenordnungen. Erstmals entstanden sogenannte Hühnerhochhäuser, wie sie auch heute noch in einigen Ländern aufzufinden sind. Das damalige „Nur Das Ei", abgeleitet von dem Verkaufsschlager der „Nur-Die -Strümpfe", war ein Beispiel hierfür, und es konnten viele Hunderttausend Hennen auf engstem Raum gehalten werden, aus heutiger Sicht alles andere als schön, es entsprach aber dem Gedanken dieser Zeit. Tierschutz und Tierwohl spielten keine Rolle. Augenscheinlich ging es den Tieren gut, sie hatten eine sehr hohe Legeleistung, verbrauchten dank weniger Bewegungsaktivitäten nicht so viel Futter, und das war entscheidend. Auch der Betreuungsaufwand war wesentlich geringer, als das in den vorherigen Haltungsformen der Fall war.

Käfiganlagen gibt es auch noch in großer Zahl. In der EU ist die Haltung zwar verboten, nicht aber in Drittländern. Während meiner vielen Auslandsreisen habe ich derartige Anlagen besichtigt. Meines Erachtens dürften 90% der Eier noch in diesen Anlagen erzeugt werden, auch in einigen EU-Ländern.

Die Schnabelbehandlung erfolgte durch elektrisch aufgeheizte Brennstäbe. Das war eine Serviceleistung, u.a. durch Mitarbeiter der Mischfutterhersteller. Diese hatten spezielle Betreuer beauftragt, um sicherzustellen, dass die Bauern eine feste Beziehung zu den Futterlieferanten hatten. Alles funktionierte und passte sehr gut. Die Käfighaltung hatte sich weltweit etabliert und war bis Anfang 2010 auch Standard innerhalb der EU und Deutschland. Glücklicherweise hat sich inzwischen vieles geändert.

Daten und Fakten

Das Ei erfreut sich seit jeher als Nahrungsmittel ganz besonderer Beliebtheit. Schon die alten Römer pflegten vor Beginn ihrer Mahlzeit ein Ei zu essen, woher der Ausspruch „ab ovo", vom Ei an, stammt. Das Ei galt als eine Art Leckerbissen, das sich nur bestimmte Gesellschaftsschichten leisten konnten. Dies hat sich inzwischen geändert. Heute sind Eier Grundnahrungsmittel und stehen allen in ausreichenden Mengen und preiswert zur Verfügung.

Betrachtet man die Statistik der Jahre vor dem Krieg bis Anfang der Sechzigerjahre, so ist in Deutschland der Eierverbrauch von seinerzeit rund 130 Stück pro Kopf der Bevölkerung Anfang 1960 auf 233 Eier gestiegen. Das sind fast oder exakt so viel wie heute. Seither hat sich also nicht viel geändert. Die Daten stammen aus dem Eierbuch von Grzimek und Puch [8].

In den Siebzigerjahren war der Verbrauch schon einmal wesentlich höher als heute. Insgesamt wurden sogar an die 300 Eier pro Kopf verzehrt, was eine Rekordmarke darstellte und nur noch von Japan übertroffen wurde, die traditionell mit noch höheren

8 Das Eierbuch von Professor Dr.Dr. Bernhard Grzimek, überarbeitet von Fritz Puch, Erscheinungsjahr unbekannt.

Verbrauchsdaten aufwarteten. Krisensituationen (Stichwort: Cholesterin) und Salmonelleninfektionen haben dazu geführt, dass es bei den Verbrauchern eine Verunsicherung gab und der Verbrauch letztendlich zurückgegangen ist. Inzwischen hat sich dieser wieder stabilisiert, und die Ansprüche in Richtung Tierschutz führen sogar zu einem stetigen Wachstum.

Vergleiche lassen sich durchaus in anderen Ländern weltweit ziehen. Allen voran standen seinerzeit die USA, auch dort gab es einen sehr hohen Eierverbrauch, der durch die Cholesterinkrise deutlich schrumpfte, was sich auch auf Länder der damaligen EG übertrug.

Heute ist Cholesterin kein Thema mehr, zahlreiche Wissenschaftler haben das angebliche Gesundheitsrisiko widerlegt. Die Frage, ob und wie stark cholesterinhaltige Nahrungsmittel wie Eier den Cholesterinspiegel im Blut beeinflussen, sorgt immer wieder für Diskussionen. Bis zuletzt galt Cholesterin in Eiern als gesundheitlich unbedenklich. Zwar gab es gemäß einer amerikanische Beobachtungsstudie die Erkenntnis, dass der Verzehr zu vieler Eier ein höheres Risiko darstellt, an Herzinfarkten oder Schlaganfällen zu sterben, doch bezweifelten andere Wissenschaftler die Ergebnisse. Letztendlich kommt es auf die Menge des Verzehrs von Eiern und auf den individuellen Gesundheitszustand an.

Ein kurzer Rückblick auf die Produktionsentwicklung liefert wertvolle Hinweise auf das Geschehen in den zurückliegenden Jahren. Die Eigenversorgung ist zwar gestiegen, dennoch ist der deutsche Markt auf Lieferungen aus benachbarten Ländern angewiesen. Der Selbstversorgungsgrad beträgt 70 % und ist seit vielen Jahren konstant. Details dazu liefert die Bilanz „Eier und Geflügel“ der Zentralen Markt und Preisberichtstelle (ZMP), die leider mit Abschaffung des Absatzfonds aufgelöst entfallen. Heute sind nach wie vor Daten verfügbar, ursprünglich von der ehemaligen EMA, der Europäischen Marketing Agentur, die vom Autor dieses Buches ins Leben gerufen wurde. Auch diese Organisation wurde eingestellt.

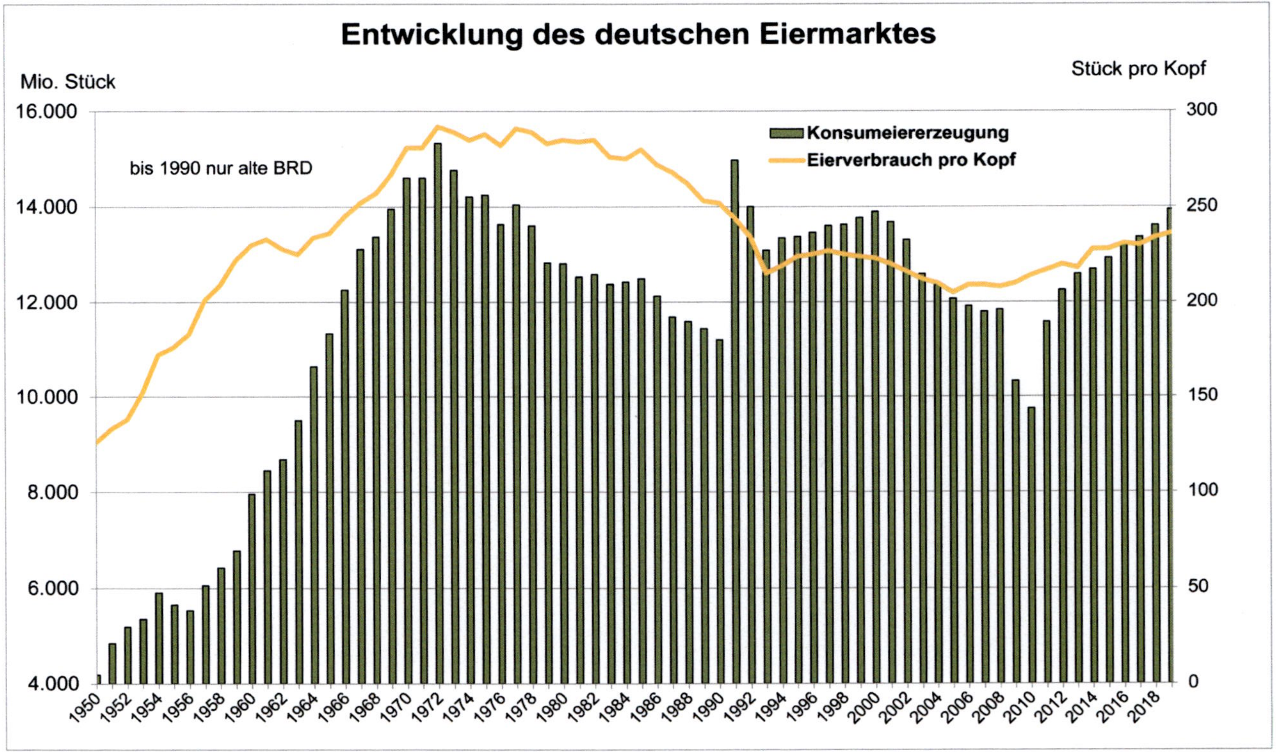

Quelle: EMA, MEG, eigene Recherche, CD Consulting gUG, 2020

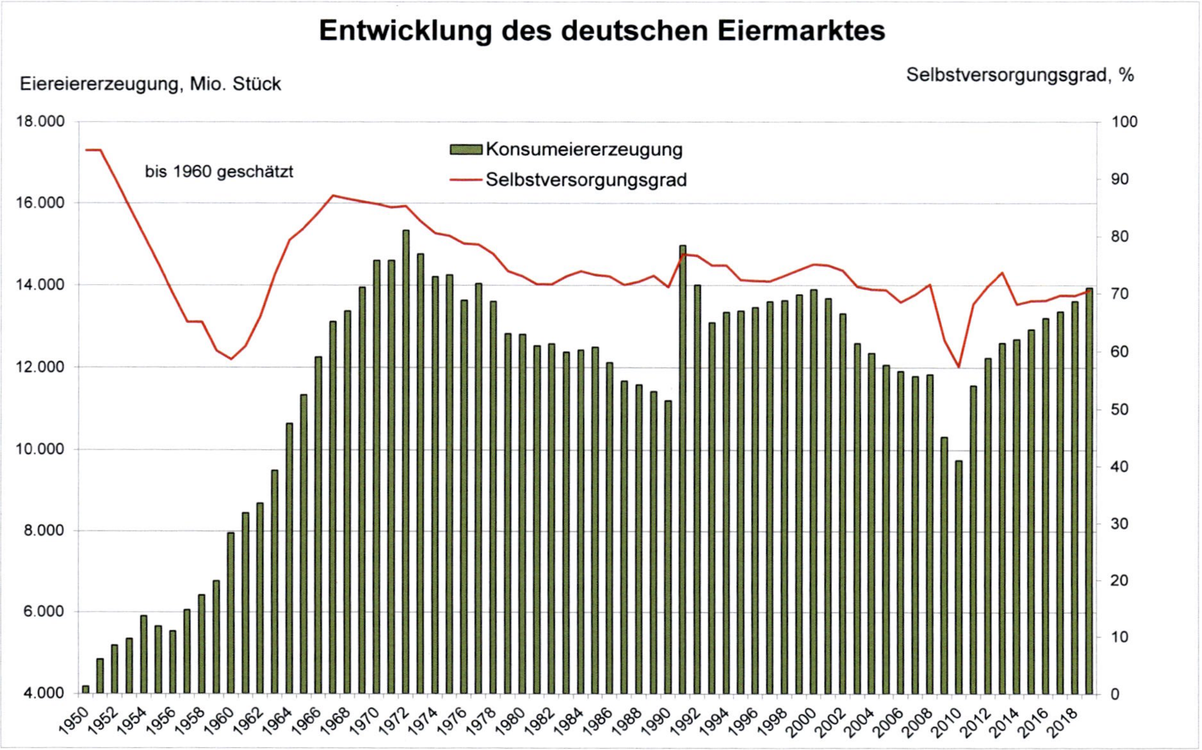

Quelle: EMA, MEG, eigene Recherche, CD Consulting gUG, 2020

Heute wird die Aufgabe der Marktberichterstattung von der MEG (Marktinfo Eier & Geflügel) wahrgenommen. Sie liefert Marktdaten für den deutschen und europäischen Eiermarkt. Entsprechende Statistiken können von der Homepage der Organisation [9] abgerufen werden. Deshalb wird auf Details zu den Statistiken über die Produktion und Versorgung des deutschen Eiermarkts an dieser Stelle nicht weiter eingegangen, sondern später auf die eigentliche Konstellation in Bezug auf Marktkompetenz und Lieferbeziehungen eingegangen. Die MEG steht zwar in enger Beziehung zum Zentralverband der Deutschen Geflügelwirtschaft, liefert aber anerkanntermaßen verlässliche Daten und Fakten zum Marktgeschehen.

Interessant sind im Vergleich zur vorhergehenden Übersicht die aktuellen Daten der Versorgungsbilanz für Eier Deutschland:

Tabelle 1

Versorgungsbilanz Eier

Deutschland	**2005**	**2015**	**2017**	**2019**
Eier				
Produktion, Mio. Stück	12.064	14.193	14.612	15.111
Einfuhren	5.785	6.997	6.721	6.450
Ausfuhren	2.174	2.463	2.491	2.190
Einfuhr Eiprodukte (Schaleneiwert)	1.820	1.868	2.035	2.170
Ausfuhr Eiprodukte (Schaleneiwert)	565	833	800	890
Verbrauch pro Kopf, Stück	231	228	230	236
davon				
Käfighaltung	200	22	18	14
Bodenhaltung	< 25	143	145	142
Freilandhaltung	< 10	38	36	42
Biohaltung	< 5	24	30	36
Tierschutz	-	1	1	2
Selbstversorgungsgrad, %	73,1	68,7	69,7	70,5

Quelle: Stat. Bundesamt, MEG, eigene Recherche, CD Consulting gUG, 2020

9 https://www.meg@ulmer.de

Die Eierverbände

Seit jeher spielten Verbände als Interessensorganisation der Wirtschaft eine große Rolle. Die Strukturen sind sehr unterschiedlich aufgestellt. Auf der einen Seite gibt es die Erzeugerorganisationen und auf der anderen Seite als Gegenpol die Vertretung des Handels, also der Vermarktung des Groß- und Außenhandels. Dies waren der Zentralverband der deutschen Geflügelwirtschaft (ZDG) für die Produzenten und der Bundesverband des Eier-Groß- und Außenhandels für die Vermarkter. Zu Letzterem zählte auch die Eiprodukten-Industrie, die ursprünglich nur eine geringe Marktbedeutung hatte, inzwischen aber mit einem Anteil von einem Drittel der gesamten Produktion bzw. Versorgung zu den bedeutenden Wirtschaftszweigen zählt. Eier werden in den unterschiedlichsten Formen verwendet, als Grundlagen für die Nahrungsmittelindustrie, aber auch für die Verwendung in vielen anderen Bereichen, der Medizin, als Grundlage der Serumherstellung oder auch für Hygieneartikel.

Die jeweiligen Verbandsorganisationen versuchten natürlich von Beginn an, Einfluss zu nehmen, zunächst auf Ebene der nationalen Gesetzgebung, zuletzt aber auch vermehrt bei der europäischen Kommission, die Anfang der Sechziger- und Siebzigerjahre kaum Einfluss hatte, inzwischen jedoch ein Entscheidungsmonopol innehat. Es waren sehr interessante Erfahrungen, wobei die Preisdiskussionen im Vordergrund standen. Dazu gab es regelmäßige Treffen der Verbände beim deutschen Bundesministerium für Landwirtschaft und Ernährung, zur Beurteilung der Marktlage. Diese fanden monatlich vor den Sitzungen des Verwaltungsausschusses Eier und Geflügel der EU-Kommission statt. Es ging darum, den Teilnehmern eine objektive Beurteilung zu vermitteln, die von der Handelsseite gegensätzlich anders betrachtet wurde als von den Produzenten. Daraus entwickelten sich lebhafte Diskussionen und Streitgespräche zwischen Erzeugung und Handel, die abschließende Bewertung oblag jedoch den Vertretern des Ministeriums, die zu den Sitzungen der Kommission berufen wurden.

Bis heute hat sich nichts geändert. Faktoren, die den Markt bestimmen, der Einfluss von Tierschutz und Tierwohl ist mehr und mehr in den Vordergrund gerückt. Hinzu kommen Fragen zur Nachhaltigkeit, Verbraucherschutz, Herkunftssicherung und Rückverfolgung. Vor allem die Herkunftssicherung hat einen sehr hohen Stellenwert erlangt. Gründe hierfür sind Probleme durch Rückstände, aber auch der Herkunft der Eier, die mit Beginn des Verzichts auf die Käfighaltung mehr und mehr Bedeutung erlangten.

Einfluss auf die Vorgaben der Vermarktung und dem damit einhergehenden Regelwerk zu nehmen, ist das Hauptanliegen der Interessensvertretungen. Dies waren zu Beginn der Siebziger- und Achtzigerjahre hochinteressante Diskussionen. Jeder versuchte, sich entsprechende Vorteile im Interesse der Mitglieder, Produktion und Vermarktung zu verschaffen. Im Ergebnis ging es aber darum, höhere Preise zu erzielen. Das ist im Rahmen des Wettbewerbs verständlich. Verbraucherschutz und Verbraucherinteressen spielten noch keine besondere Rolle, wie das heute der Fall ist. Im Gegenteil, es ging den Produzenten und Vermarktern in erster Linie darum, möglichst viel gewinnbringend abzusetzen, also Profit zu erzielen und zu expandieren.

Seinerzeit wurden die jeweiligen Verbände unter dem Dach der Vereinigung des Eier-, Wild- und Geflügel Groß- und Außenhandels geführt. Die Vereinigung sollte die Interessen aller Organisationen gegenüber den Behörden und der europäischen Verwaltung dokumentieren. Dies machte durchaus Sinn, es handelte sich um eine über Jahre hinweg gewachsene Struktur. Der Bekanntheitsgrad dieser Organisation hielt sich allerdings in Grenzen, sodass über eine Neuorientierung, der vor allem europäisch ausgerichtet sein sollte, nachgedacht werden musste.

Geschäftsstelle 1995

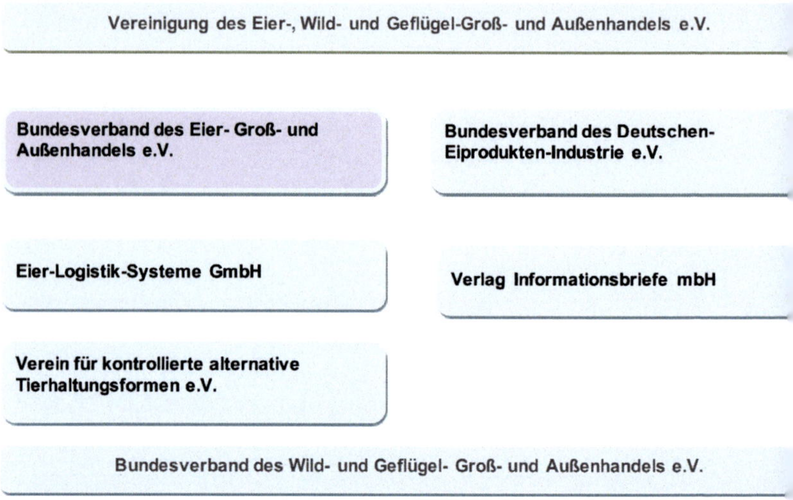

Quelle: EPEGA, eigene Recherche

Zentralverband Eier - ZVE

Auch heute haben nationale und europäisch orientierte Verbände einen hohen Stellenwert, wenngleich sich die Zeiten massiv geändert haben. Aus dem damaligen Bundesverband des Eier- Groß- und Außenhandels wurde der Zentralverband Eier e. V., ZVE [10]. Mit der Namensänderung sollte dem Verband mehr Kompetenz und Bedeutung zukommen. Es gab außerdem eigenständige Landesverbände, die unter dem Dach des ZVE standen, ansonsten aber eigenständig agierten. Das hatte zu der Zeit Tradition. Später wurden die Landesverbände aufgelöst bzw. vollständig in den Verband integriert.

10 https://www.epega.org/pages/zve/index.html

Grundlagen eines jeden Vereins sind die Mitgliederversammlung als höchstes Organ und der obligatorische Vorstand. Dieser setzt sich zumeist, wie es bei meinen Verbänden der Fall war, aus elf Teilnehmern zusammen. Bestimmt wird daraus der Vorsitzende und Stellvertreter. Ich habe in meinem Berufsleben zahlreiche Vorstände und Vorstandsmitglieder kennengelernt, aber auch zu schätzen gewusst. Es war wichtig, Rückhalt zu bekommen, wobei der Geschäftsführer eines Vereins oder Verbandes weisungsgebunden ist und den Vorgaben der jeweiligen Vorstandsmitglieder bzw. des Vorsitzenden bedingungslos zu folgen hat. Eigentlich ist der Geschäftsführer nur eine Marionette dessen, was der Verein bzw. der Vorstand von ihm erwartet. Das war mir zu Beginn nicht bekannt. Ich war der Auffassung, dass Geschäftsführer auch Entscheidungen treffen können, was sich aber als falsch erwies. Tatsächlich konzentrierte sich die Verbandsarbeit eher in Richtung einer beratenden Funktion, und damit ohne besonderen Einfluss. Ich hatte jedoch eine andere Sichtweise.

Vorstand und Vorsitzende wechselten im Laufe der Zeit. Es gab neue Kompetenzen, aufgrund der gewachsenen Strukturen konnte mehr erreicht und umgesetzt werden. Zudem bestand zum Vorstand und zu den Vorsitzenden immer ein vertrauensvolles und freundschaftliches Verhältnis. Das hat motiviert.

Es gab allerdings auch Kritik, als es um das Verbot der Käfighaltung ging. Hier teilte man nicht unbedingt die Meinung des Geschäftsführers, denn handelsorientierte Unternehmer wollten die Majorität am Markt für sich beanspruchen, dazu gehörte auch der uneingeschränkte Handel mit Eiern aus Käfighaltung. Letztendlich hat sich das Bestreben durchgesetzt, die Käfighaltung wurde verboten. Die befürchteten Markteinbrüche, sinkender Selbstversorgungsgrad und Abhängigkeit von ausländischen Mitbewerbern blieben aus. Das Gegenteil war der Fall, der Verkauf von Eiern stieg weiter, und für die Mitglieder boten sich neue Perspektiven und Möglichkeiten, sich gegenüber der Konkurrenz abzusetzen. Entscheidend war schließlich der

Umsatz, der ließ sich mit Eiern aus alternativen Haltungssystemen weitaus besser darstellen. Auch die Entscheidung, künftig Eier mit einem Legehennen-Printcode zu kennzeichnen, stieß nicht gerade auf Begeisterung.

Die Idee wurde auf einer Mitgliederversammlung des Zentralverbandes Eier in Bad Neuenahr gemeinsam mit einer parallel stattfindenden Vorstandssitzung des Vereins für kontrollierte alternative Tierhaltungsformen verwirklicht. Das stand für absolutes Neuland und einen Weg in eine völlig neue Ausrichtung. Es wurde ein Meilenstein von erheblicher Tragweite gesetzt, der sich für beide Verbände nachhaltig positiv auswirken sollte.

Schon seit Jahren bestand ein Konkurrenzverhältnis zum Zentralverband der deutschen Geflügelwirtschaft e. V., dem ZDG. Die neue Namensgebung zum ZVE führte zwangsläufig zu erneuten Unstimmigkeiten zwischen den beiden Verbänden. Während der ZVE in früheren Zeiten kaum Mitglieder hatte, gab es nun großes Interesse, dem neu aufgestellten Verband beizutreten. Das führte zum einen zu zahlreichen Doppelmitgliedschaften, zum anderen zu Austritten beim ZDG, da man sich hier weniger gut vertreten fühlte. Das war in erster Linie darin begründet, dass der ZVE eine handelsorientierte Position vertrat, während der ZDG sich auf die Belange der Hühnerhalter und Landwirte konzentrierte. Dort gab und gibt es zahlreiche Landesverbände, Entscheidungen mussten deshalb innerhalb der Gremien angestimmt werden, während der ZVE sehr spontan und kurzfristig agierte. Das Spannungsverhältnis zwischen den Verbänden wuchs weiter.

Der Verband Eier (ZVE) ist eine Vereinigung von Unternehmen, die Eier und Eiprodukte vermarkten oder verarbeiten. Ziel ist die regelmäßige Information und Beratung der Mitglieder sowie die Wahrnehmung gemeinsamer Interessen gegenüber Behörden und Institutionen. Im Rahmen regelmäßiger Rundschreiben und Veranstaltungen werden die Mitglieder über die aktuellen Entwicklungen auf dem Markt für Eier und Eiprodukte informiert. Im Vordergrund der Verbandsarbeit stehen aber auch die Mitarbeit an einschlägigen Verordnungen, Gesetzen und Richtlinien sowohl national als auch auf EU-Ebene in den Bereichen Vermarktung, Zollangelegenheiten, Lebensmittelrecht und -hygiene, Tierseuchenrecht, Tierschutz, Verpackung und Umwelt. Der ZVE ist darüber hinaus in zahlreichen Gremien und Ausschüssen der Nahrungsmittelindustrie vertreten. Ziel ist es, Transparenz sowie einheitliche Rahmenbedingungen für den Handel mit Eiern und Eiprodukten zu schaffen und nationale und internationale Handelshemmnisse zu beseitigen.

Dieser Verband hat sich im Laufe der Zeit einen Namen gemacht. Aus dem kleinen Verband mit eher geringer Bedeutung wurde eine ernst zu nehmende und respektierte Interessensvertretung, der fast alle Eierproduzenten in Deutschland angehörten. Darüber hinaus stand der Verband aber auch ausländischen Mitbewerbern positiv gegenüber. Eine Mitgliedschaft war möglich und gewollt, die von den maßgeblichen Produzenten und Vermarktern tatsächlich genutzt wurde, denn es galt, Einfluss zu nehmen. Insbesondere die Niederländer als größte Lieferanten von Eiern hatten ein sehr großes Interesse. Das gab dem Verband eine besondere Stellung am Markt und vor allem Bedeutung, wenn es um Änderungen der Gesetzgebung und Vorschläge zu Anpassungen ging.

Dies blieb allerdings nicht ohne Folgen. Das Zusammenspiel von Produzenten und Vermarktern verhärtete sich, denn der Einfluss dieser Organisationen stieg, zumal auch große Unternehmen des Lebensmitteleinzelhandels als Mitglied einbezogen wurden. Auch das war in der Verbandsstruktur einmalig, dass sich Vermarkter und Lebensmitteleinzelhandel, also Verkäufer und Einkäufer, gemeinsam am Tisch gegenübersaßen. Damit konnte allerdings sehr viel erreicht werden. Es ging nicht nur um Produktion und Marktanteile, sondern auch um die Darstellung von Verbraucherinteressen und Verbraucherschutz.

In den Neunzigerjahren gab es erhebliche Probleme mit Salmonelleninfektion. Es starben Menschen. Die Ursache wurde im Verzehr von Eiern gesehen, was einerseits stimmte, andererseits stand die Ursache im Zusammenhang mit einer falschen Behandlung von Erzeugnissen mit frischen Eiern, wie z. B. das traditionelle Tiramisu oder andere Lebensmittel, in denen frische Eier verarbeitet wurden und ein Aufbewahren ohne die erforderliche Kühlung stattfand. Einfache Hygienevorgaben wurden nicht befolgt, und das hatte gravierende Folgen. Der Verbrauch ging zurück, Eier galten als gesundheitlich bedenklich, ursächlich dadurch bestimmt, dass es keine Kühlung gab bzw. bei der Zubereitung aufgrund mangelnder Kenntnis die grundlegenden Hygienevorgaben keine Beachtung fanden.

Die Lösung bestand in Kühlvorgaben und einem besseren Eigenkontrollsystem in den Legebetrieben und Eierpackstellen. Hier war aber auch die Fachkompetenz der Verbände als Wirtschaftsbeteiligte und Vermittler gefragt. Es gab zahlreiche Sitzungen und Vorschläge der Gremien, die mit dem damals zuständigen Gesundheitsministerium diskutiert wurden.

Was war die Lösung?

Das Zusammenspiel zwischen Behörden, dem Gesetzgeber und der Eierwirtschaft, vor allem des Groß- und Außenhandels, der eher weniger Interesse an strukturellen Veränderungen der Vermarktung hatte, brachte Ansätze für die neue Regelung und die Anpassung der Vermarktungsnormen für Eier auf den Weg.

Für die Lagerung und Beförderung von Eiern wurden erstmals konkrete Kühlvorgaben auf den Weg gebracht. Ab dem 18. Tag nach dem Legen mussten Eier bei Temperaturen von + 5 °C bis + 8 °C gelagert und transportiert werden. Es handelte sich um eine rein nationale Bestimmung. Die Kühlpflicht bestand bis 2016. Ab diesem Datum kann der Lebensmitteleinzelhandel Eier bis zum 21. Tag nach dem Legen an den Verbraucher ohne diese

Kühlmaßnahme abgeben. Erstmals erfolgten auf den Eierverpackungen entsprechende Hinweise, die heute selbstverständlich sind, wie zum Beispiel durch Erhitzen, kein Rohverzehr, Küchenhygiene.

Ursprünglich gab es sogar Gedanken, eine Kühlung entlang der gesamten Verkaufskette vorzunehmen, das hätte aber konsequenterweise bedeutet, dass diese bereits im Stall unmittelbar nach dem Legen beginnt, und dies war zu der Zeit logistisch und technisch unvorstellbar. Es wäre ein enormer Kostenaufwand entstanden, sodass ein neuer, aber praktikabler Weg gefunden wurde. Während in den nordischen Ländern bereits die Kühlung von Eiern Normalität erlangt hatte, kam insbesondere in den südlichen Ländern eine Kühlkette in Betracht. Der Grund: Man wusste mit der Verarbeitung von Eiern umzugehen und die entsprechenden Hygienevorgaben zu beachten.

Die Kühlung wurde am 18. Tag zur Pflicht, und die Vermarktung war nur bis zum 21. Tag möglich. Das Mindesthaltbarkeitsdatum wurde auf den 28. Tag festgesetzt. Probleme mit Salmonellen bei frischen Eiern gab es kaum noch, nachdem ein Monitoring in den Legebetrieben und Eierpackstellen eingeführt wurde, um bereits im Vorfeld mögliche Infektionen festzustellen. Heute ist das gesetzliche Vorgabe, und es finden regelmäßige Kontrollen in den Produktionsbetrieben statt, die Vorgabe für die Zulassung der Betriebe und den Verkauf von Eiern sind. Die Tiere werden vor der Einstallung geimpft. Auch das Futter unterliegt einer ständigen Überwachung, und die Einrichtungen werden vor der Einstallung von Junghennen desinfiziert.

Zwar gab es in den letzten Jahren immer wieder Probleme, vor allem auch bei Eiprodukten, doch das ist nicht mehr symptomatisch für die Branche. Als Ursache standen falsche Behandlung und mangelnde Hygiene bei der Verarbeitung im Vordergrund. Aber es zeigt, dass die Eigenkontrolle und Qualitätssicherungssysteme funktionieren. Bei frischen Eiern ist dank der Kennzeichnung auf dem Ei zudem die Nachvollziehbarkeit im Fall einer Gesundheitsgefährdung jederzeit möglich.

Soweit zur Darstellung der zurückliegenden Jahre, Jahrzehnte. Inzwischen hat sich einiges geändert, die Realität zeigt völlig andere Strukturen, über Details soll im Weiteren eingegangen werden – und damit stellt sich die Herausforderung, einen globalen Überblick zum Verlauf und zur aktuellen Situation darzustellen.

Bundesverband der Deutschen Eiprodukten Industrie, BVEP

Der Bundesverband der Deutschen Eiprodukten-Industrie e. V. BVEP [11] hat das Ziel, die Vermittlung von Fachwissen in Zusammenarbeit mit staatlichen Institutionen und gleich gerichteten Einrichtungen zu fördern. Eine wichtige Aufgabe ist dabei die Mitwirkung an der Gesetzgebung für den Eiproduktensektor auf nationaler Ebene und innerhalb der Europäischen Gemeinschaft. Ähnlich wie der ZVE werden Mitglieder über Rundschreiben und Veranstaltungen informiert. Dazu gehört auch die Bekanntgabe nationaler und innergemeinschaftlicher Verordnungen, Richtlinien, Gesetze und Ratsentscheidungen sowie Bestimmungen aus den Bereichen Lebensmittelrecht und -hygiene, Kennzeichnung, Verpackung, Umwelt und der Vermarktung von Schaleneiern und Eiprodukten. Auch die Mitarbeit an Entwürfen zu neuen Verordnungen und Richtlinien auf nationaler und EU-Ebene sowie in den Gremien und Ausschüssen der Nahrungsmittelindustrie gehört zu seinen Aufgaben. Die Möglichkeit der Mitgliedschaft beschränkte sich auf in Deutschland ansässige Unternehmen der Eiproduktenindustrie bzw. Hersteller. Handelsunternehmen wurde der Zutritt per Satzung verwehrt, diese Betriebe waren über den ZVE vertreten.

11 https://www.epega.org/pages/bvep/index.html

Die Herstellung von Eiprodukten stellt eine Besonderheit dar. Denn der Marktanteil beträgt mittlerweile rund ein Drittel der Eiererzeugung. Das gilt auch für andere europäische Länder, die zum Teil einen noch höheren Anteil aufweisen, wie zum Beispiel Italien, Spanien oder Frankreich. Deshalb kommt diesem Wirtschaftszweig eine hohe Bedeutung im Bereich der Nahrungsmittelproduktion zu. Aus diesem Grund hat sich der Verband mit seinen Mitgliedern sehr intensiv auch im Forschungsbereich engagiert. Es gab zahlreiche wissenschaftliche Projekte, umfangreiche Forschungsarbeit, um neue Methoden und Techniken zur Herstellung von Eiprodukten zu gewinnen. Aus diesem Grund bestand eine Mitgliedschaft beim Forschungskreis Ernährungsindustrie, FEI [12]. Durch die Förderung von Projekten der industriellen Gemeinschaftsforschung ermöglichte der FEI allen forschungsinteressierten Unternehmen, vor allem kleinen und mittelgroßen Unternehmen (KMUs), eine Zusammenarbeit mit renommierten Wissenschaftlern von Forschungseinrichtungen öffentlicher oder privater Träger. Gleichzeitig gibt er Experten aus der Wissenschaft die Möglichkeit, nachhaltig mit Partnern der Wirtschaft zu kooperieren.

Zwar handelte es sich um einen kleinen Verband, doch hat die Arbeit viel Freude bereitet, was sich auch in der globalen Denkweise der angeschlossenen Betriebe widerspiegelte. Handelspartner waren weltweit agierende Unternehmen der Nahrungsmittelindustrie. Der Im- und Export von Eiprodukten spielt eine große Rolle. Auch der Zukauf von Rohware ist international ausgerichtet. Im Rahmen von zollbegünstigten Kontinenten konnten Eier z. B. aus den USA verbilligt eingekauft werden. Das galt auch für Eiprodukte aus Mexiko und Südamerika.

Auch auf europäischer Ebene gab es eine aktive Mitarbeit, und zwar bei der EEPA – the European Egg Processors Association [13],

12 https://www.fei-bonn.de
13 http://www.eepa.info/About/Default.aspx

die unter dem Dach der EUWEP stand. Die EEPA ist eine Non-Profit-Organisation, die 1995 mit dem Ziel gegründet wurde, alle Eier-Verarbeiter innerhalb der Europäischen Union zu vereinen. Heute zählt die EEPA über 50 eierverarbeitende Unternehmen aus ganz Europa zu ihren Mitgliedern.

Die EEPA bietet ihren Mitgliedern Informationen aus erster Hand zu einer Vielzahl von Themen, die für den europäischen Eiersektor wichtig sind, wie z. B. Gesetzgebung, Marktsituation, Erstattungen, Maßnahmen bei Lebensmittelkrisen etc.

Es werden jährlich Treffen in Brüssel und eine Generalversammlung zusammen mit den Organisationen EUWEP, EEPTA und EPGA organisiert. Diese Treffen sind eine einzigartige Gelegenheit für eierverarbeitende Unternehmen, sich mit ihren europäischen Kollegen zu treffen, um über die neuesten Entwicklungen, die ihren Sektor und ihre Unternehmen betreffen, zu diskutieren. Die EEPA entwickelte u. a. den „Guide to Good Manufacturing Practice“, der offiziell als Gemeinschaftsleitfaden anerkannt ist. Für den deutschen Verband der Eiprodukten-Industrie war das eine wichtige Möglichkeit, im europäischen Rahmen aktiv mitzuwirken und entsprechende Vorgaben und Leitlinien, vor allem im Bereich der Hygienepraxis, umzusetzen.

Eine weitere Besonderheit:
Der Eiproduktenverband hatte eine Mitgliedschaft beim Zentralverband der Deutschen Geflügelwirtschaft, ZDG, also die Interessensvertretung der Geflügelproduzenten. Damit konnte ich als Geschäftsführer an den Veranstaltungen und Versammlungen des ZGD teilnehmen, was sonst nicht möglich gewesen wäre. Für mich war das immer eine besondere Herausforderung, die jeweiligen Präsidenten des ZDG honorierten das immer mit besonderer Aufmerksamkeit, nicht immer freundschaftlich, aber mit Respekt. Eine Vielzahl der Betriebe und Unternehmen wurde durch beide Verbände vertreten, womit sich die Zusammenkünfte immer harmonisch gestalteten.

Eier Logistik Systeme – ELS GmbH

Die Eier Logistiksysteme GmbH (ELS) [14] war ein weiteres Standbein der gemeinsamen Geschäftsstelle. Die Gesellschaft kam mit einem neuartigen System für nachhaltige Transportbehältnisse auf den Markt. Die Herausforderung bestand darin, neue Gedanken und Ideen im Bereich des Transports von Eiern für den Lebensmit-teleinzelhandel zu etablieren. Schon damals rückte das Thema Nachhaltigkeit mehr und mehr in den Vordergrund. Anstelle der üblichen Einwegbehältnisse aus Pappkarton sollte ein Mehrwegtransportmittel Kosten sparen und unnötige Verschwendung von Ressourcen. Das ist mit dem neuartigen Transportsystem für Eier durchaus gelungen. Es handelte sich um einen „nestbaren" Transportbehälter aus Kunststoff, und er konnte im Leerzustand platzsparend zurückgeführt werden. Das war zu der Zeit sensationell, dennoch setzte sich die Initiative nicht durch. Konkurrierende Unternehmen gaben hierfür den Ausschlag, zudem gestaltete sich die Weiterentwicklung des Kunststoffkastens als wirtschaftlich schwer umsetzbar.

Die Rückführung und Reinigung der eingesetzten Kisten stellte eine weitere logistische Herausforderung dar. Das konnte die ELS zu diesem Zeitpunkt als Neueinsteiger nicht sicherstellen. Daran ist das Mehrwegsystem der ELS letztendlich gescheitert. Es mangelte vor allem an der Bereitschaft der Marktteilnehmer, dieses System nachhaltig einzusetzen. Außerdem hatte der Hersteller Probleme hinsichtlich der Haltbarkeit der Kisten, die immer wieder Nachbesserungen und einen Austausch erforderten. Das führte schließlich zur Einstellung und Auflösung der Gesellschaft. Träger der Gesellschaft waren große Eierunternehmen in Deutschland, die mit dem Transportsystem neue Wege beschreiten wollten.

---

14 https://bonn.city-advisor.de/els-eier-logistik-systeme-gmbh/

Verlag Informationsbriefe/GIL

Der den Verbänden zugeordnete Verlag Informationsbriefe GmbH stand für die Verbreitung von Mitgliederinformationen, die zum damaligen Zeitpunkt noch mit der herkömmlichen Schreibmaschine verfasst wurden und anschließend mit den damals üblichen Offsetdruck-Verfahren für die Mitglieder auf dem Postweg zur Verfügung gestellt wurden. Letztendlich entsprach das aber nicht mehr dem aktuellen Zeitgeist, sodass schrittweise eine Umstrukturierung der Geschäftsstelle mit einem modernen Netzwerk stattfand. Dank meiner damaligen Kenntnisse im EDV-Bereich ließ sich das relativ leicht realisieren. Anstelle des Postversands rückte die Verbreitung von wichtigen Informationen, die sog. Schnellberichte per Fax. Das war seinerzeit ein erheblicher Fortschritt, wenn auch nicht ohne Kritikpunkte. Bis zu diesem Zeitpunkt erfolgte ein Versand per Fax nach Alphabet, und mit den neuen Techniken konnten Faxe an alle Mitglieder gleichzeitig verschickt werden. Informationen waren damit gleichermaßen zum selben Zeitpunkt verfügbar, was zwangsläufig auch für Aktivitäten, die sich an Schnelligkeit orientierten, von Nachteil war. Dazu aber später mehr.

E-Mail in der heutigen Form gab es damals noch nicht. Schnellberichte, die immer dann erstellt wurden, wenn es wichtige Neuerungen im Bereich der Gesetzgebung, Zollrecht und Vermarkung gab, wurden in bewährter Weise per Fax versandt. Immerhin gab es zu der Zeit schon Telefax 400, das einen gleichzeitigen Versand über einen entsprechenden Verteiler ermöglichte. Davor musste jede Mitteilung einzeln aufbereitet werden, ein aus heutiger Sicht unglaublicher Aufwand, der viel Zeit kostete. Im weiteren Verlauf entwickelte sich aber die EDV-Technik, was sich auch nachhaltig auf die Geschäftsstelle auswirkte. Es wurde eine Internetseite aufgebaut, die allen Mitgliedern zur Verfügung stand. Außerdem konnte der Versand der Rundschreiben schrittweise auf einen E-Mail-Verteiler umgestellt werden, denn auch in den Betrieben gab es Fortschritte. Das hatte gravierende

Vorteile hinsichtlich der Schnelligkeit, war aber auch vor allem mit erheblichen Kosteneinsparungen verbunden.

Der Verlag Informationsbriefe hatte damit seine ursprüngliche Bedeutung verloren. Deshalb kam der Gedanke der Umstrukturierung, und aus dem Verlag wurde die Gesellschaft für Information und Logistik mbH. Logistik stand zu dem Zeitpunkt auch im Zusamenhang mit dem Gedanken der Weiterentwicklung von Mehrwegtransportsystemen, was sich aber im Nachhinein als nicht zielführend erwies. Die Gesellschaft sollte die Verbände mit der Entwicklung innovativer Systeme der Herkunftssicherung und Rückverfolgung, Netzwerklösungen und dem Aufbau einer Datenbank unterstützen. Dank Microsoft standen schon damals für kleine und mittelständische Unternehmen entsprechende Softwarelösungen zur Verfügung.

European Union of Wholesale with Eggs, Egg Products, Poultry and Game – EUWEP

Neben den nationalen Organisationen wurde auch auf europäischer Ebene versucht, Verbandsstrukturen aufzubauen. Als Beispiel hierfür steht die EUWEP [15], European Union of Wholesale with Eggs, Egg Products and Poultry and Game. Hinter der Idee standen die Interessen nationaler Organisationen der europäischen Eier- und Geflügelwirtschaft, mit einem Dachverband in Brüssel bei der Kommission, damals noch Europäische Gemeinschaft, vertreten zu sein.

Der Verband und die Geschäftsführung standen bis zu meinem Eintritt noch unter der Regie der gemeinsamen Geschäftsstelle in Bonn. Vertreten waren zunächst nur wenige Verbände anderer

15 https://www.euwep.org

Mitgliedsstaaten. Immerhin wurde Präsenz in Brüssel bei der europäischen Kommission in den jeweiligen Institutionen gezeigt, wie zum Beispiel dem Advisory Board der Kommission für den Bereich Eier und Geflügel. Regelmäßige Treffen fanden ausschließlich in Brüssel statt, mit Vertretern der europäischen Kommission – und damit ein reger Austausch. Das ermöglichte die Teilnahme an den zahlreichen Sitzungen und Anhörungen der Kommission zur Anpassung von Richtlinien und neuen Verordnungen. Dadurch war es möglich, Einfluss zu nehmen, wenn es darum ging, bestimmte Interessen der Branche zur Produktion und Vermarktung im Bereich Schaleneier darzustellen. Schwierig blieb in dieser Konstellation, die unterschiedlichen Interessen der jeweiligen Länder auf einen Nenner zu bringen, denn einerseits waren diese produktionsorientiert, andererseits lag der Schwerpunkt bei der Vermarktung und dem Im- und Export, also dem klassischen Groß- und Außenhandel.

Die EUWEP strukturierte sich im Laufe der Jahre neu. Die Interessenslage der Vertreter aus den unterschiedlichen Branchen war zu unterschiedlich. Für den Bereich Eier, die European Egg Packers and Traders Association (EEPTA), [16] die EEPA – European Egg Processors Association [17] für Eiprodukte, für Geflügel und Wild –, sollte später ebenfalls eine neue Struktur unter dem Kürzel EPGA gefunden werden, dazu im Weiteren mehr.

Bis Anfang der Neunzigerjahre stand der Verband unter dem Einfluss der deutschen Eier- und Geflügelhändler. Generalsekretär war mein Vorgänger. Die Leitung wechselte in die Verwaltung niederländischer Akteure, und später wurde der Verband in London ansässig und stand damit unter dem Einfluss der Eierverbände im Vereinigten Königreich. Das führte verstärkt zu Interessenskonflikten, und ich motivierte meine Mitglieder, eigene Aktivitäten für einen europäischen Verband aufzubauen.

---

16 http://www.eepta.eu

17 http://www.eepa.info

Die EUWEP sollte in erster Linie die Interessen der Vermarktung, also des Handels, wahrnehmen, während andere Organisationen, wie der Bauernverband, durch die Copa-Cogega [18] die Interessen der Produzenten in den beratenden Ausschüssen wahrgenommen haben. Die COPA-COGECA ist der in Brüssel angesiedelte Zusammenschluss von COPA und COGECA, der beiden großen landwirtschaftlichen Dachorganisationen in der Europäischen Union. Sie bestehen seit 1962 und sind insbesondere auf der Ebene der gemeinsamen Agrarpolitik aktiv.

Die Interessen des Lebensmitteleinzelhandels wurden offiziell von EuroCommerce [19] vertreten. Der Verband blickt auf eine lange Tradition zurück und vertritt die Interessen des Groß- und Außenhandels im Bereich Lebensmittel. Er ist in Brüssel ansässig, die Position im beratenden Ausschuss „Eier und Geflügel“ wurde allerdings kaum wahrgenommen, dafür hatte der Verband allerdings weitreichende andere Instrumente, um die Interessen des Lebensmittelhandels wahrzunehmen. Das gilt auch für die Interessensvertretung der Verbraucher und des Tierschutzes. Deshalb dominierten in den Ausschüssen Produzenten sowie Vermarkter von Eiern und Geflügelfleisch.

Eine weitere wichtige Organisation mit Zutritt zur Europäischen Union war und ist auch heute noch die CELCAA [20], die sich als Stimme der europäischen Händler von Agrar- und Nahrungsmittelrohstoffen bezeichnet. Sie wurde 1979 von großen europäischen Branchenverbänden des Einzel- und Großhandels mit landwirtschaftlichen Erzeugnissen und Agrarnahrungsmitteln gegründet, um ihre Kräfte zu bündeln und auf horizontaler Ebene zusammenzuarbeiten. CELCAA gewährleistet die Interessenvertretung der Agrar- und Lebensmittelhändler durch seine Teilnahme in verschiedenen beratenden Gruppen, so auch im beratenden

18 https://copa-cogeca.eu/Menu.aspx
19 https://www.eurocommerce.eu
20 https://celcaa.eu

Ausschuss. Die EUWEP als Mitglied der CELCAA konnte auf die Kompetenz zurückgreifen und erhielt dafür die entscheidenden Sitze im beratenden Ausschuss der europäischen Kommission.

Die Kommissionsvertreter nutzten das Instrument dieser regelmäßigen Zusammenkünfte einerseits als Informationsgrundlage für politische und wirtschaftlich orientierte Entscheidungen, andererseits aber auch als Plattform der Kommunikation mit den jeweiligen Beteiligten, also ein sehr interessantes und bedeutungsvolles Instrument. Verständlicherweise haben alle Teilnehmer versucht, Einfluss zu nehmen, um ihre jeweiligen Interessen durchzusetzen. Das ist zum Teil auch gelungen, und es gab sehr viele Widersprüche und Diskussionen. Aber genau das hat den Wert der Verbände und Fraktionen ausgemacht, präsent zu sein, um diese nach außen hin zu vertreten.

Es gab lebhafte Diskussionen und Auseinandersetzungen. Letztendlich ging es den Beteiligten auch darum, den Markt in eine bestimmte Richtung zu lenken. Die Kräfte waren relativ gleichmäßig verteilt, sodass es der Kommission als Entscheidungsträger gelang, daraus Rückschlüsse zu ziehen.

Internationale Ausrichtung – IEC

Eine der bedeutendsten Organisationen im Bereich der Eierwirtschaft ist mittlerweile die International Egg Commission, IEC, [21] und sie ist ein internationaler Verband, der sich für die globale Eierindustrie einsetzt. Sie bietet die Möglichkeit, sich während der Jahreskonferenzen, die zweimal jährlich Jahr stattfinden, zu treffen und voneinander zu lernen.

---

21 https://www.internationalegg.com

Die IEC wird von einem Vorstand geleitet, der der Generalversammlung Bericht erstattet. Ihm gehören die Amtsinhaber, Mitglieder des langfristigen Strategieausschusses und die Vorsitzenden der wichtigsten Arbeitsgruppen – Produktion, Egg Processors International (EPI), Marketing, Wirtschaft und deren Mitglieder – an. Mittlerweile dürften über 90% der weltweit agierenden Eierwirtschaft dieser Operation angehören. Das stellt die Kompetenz und Anerkennung unter Beweis. Die Konferenzen finden jeweils in einem anderen Land statt, und die Teilnahme ist mit einer hohen Reisetätigkeit verbunden. Letztendlich geht es um Kontaktpflege, darum, das Netzwerk auszubauen und in Problemfällen gemeinsam Lösungen zu finden. Lange Zeit wurde die Mitgliedschaft der deutschen Wirtschaft nur von den jeweiligen Vorsitzenden wahrgenommen. Seit Beginn 2000 ist aber auch der Zentralverband Eier ordentliches Mitglied, sogenanntes Country Member, und kann damit in allen Gremien aktiv mitarbeiten. Das war für mich von extrem hoher Bedeutung, und ich hatte Gelegenheit, an Veranstaltungen teilzunehmen und Länderberichte darzustellen, aber auch Vorträge über die Arbeit in den Verbänden abzuhalten. Es war wichtig, zu zeigen, was in Deutschland und Europa möglich ist, wenngleich das Verbot der Käfighaltung, das Verbot der Schnabelbehandlung, die alternativen Tierhaltungsformen häufig belächelt wurden.

Ich kann mich an meine erste Veranstaltung in Sydney erinnern, dort habe ich das KAT-System für Eier vorgestellt, und einige große Produzenten aus den USA mit vielen Millionen Legehennen haben mein Unterfangen als ideologisch und unrealistisch bezeichnet. Diese Einstellung hat sich inzwischen sogar in den Vereinigten Staaten gewandelt. Inzwischen gibt es mehr und mehr Bundesstaaten, die die Käfighaltung nicht mehr akzeptieren. Ich war damals auf dem richtigen Weg, das findet heute durchaus Anerkennung unter den Mitgliedern der IEC.

Die Mitgliedschaft war eine äußerst interessante Erfahrung. Ich konnte sehr viele Geschäftspartner als Freunde gewinnen und lernte weltweit Eierproduzenten, Produktionsmethoden und

Marketingstrategien kennen. Anders als in Deutschland genießen in den meisten Ländern Eier und Geflügel einen sehr hohen Stellenwert und werden nicht belächelt. Der Eierkonsum hat in vielen Ländern einen weitaus höheren Anteil als in Deutschland und vielen Ländern der EU.

Aus diesem Grunde bin ich auch nach dem Ausscheiden als Geschäftsführer der Verbände nach wie vor Mitglied bei der IEC, um auf internationaler Ebene mit Vertretern der Branche Erfahrungen und Strategien austauschen zu können.

Verein für kontrollierte alternative Tierhaltungsformen – KAT

Bis Anfang 2000 dominierte die Käfighaltung. Rund ein Drittel des Bedarfs musste aus anderen Ländern geliefert werden, um den Markt mit einer Eigenversorgung von 70% abzudecken. Im Lebensmittelhandel lag der Anteil sogar nur bei 50%. Ein großer Teil der Eier stammte aus den Niederlanden und Belgien.

Mitte der 90er-Jahre entwickelte sich die Nachfrage nach Eiern aus Boden- und Freilandhaltung. Diskussionen über Tierschutz und Tierwohl trugen dazu bei. Trotz deutlich höherer Produktionskosten entwickelte sich der Markt, und es gab immer mehr Anbieter. Dank steigender Nachfrage konnten die höheren Produktionskosten am Markt ausgeglichen werden, und die Vermarktung erwies sich als einträgliches Geschäft. Das führte dazu, dass einige Anbieter Eier aus Käfighaltung als Boden- oder Freilandware umdeklarierten, diese als solche verkauften und ein gutes Geschäft machten. Das war Betrug, denn an den Eiern konnte man nicht feststellen, aus welcher Haltungsform sie stammten. Kontrolliert hat das zu der Zeit niemand. Allerdings fanden Tierschutzaktivisten schon damals Unstimmigkeiten, was zu einer negativen Presse und zum Imageverlust führte. Die Leidtragenden waren Hühnerhalter, die es ehrlich meinten. Das Angebot war plötzlich viel größer, als tatsächlich produziert werden konnte, und die Preise gerieten unter Druck.

Ich kann mich sehr gut daran erinnern, dass ein bedeutendes Mitglied aus dem Verband des Zentralverbandes Eier auf mich zukam und die Frage stellte: „Wie können wir verhindern, dass Käfigeier als Boden- und Freilandware verkauft werden und wir darunter leiden müssen?" Das war die Geburtsstunde für die Gründung des Vereins für kontrollierte alternative Tierhaltungsformen e. V. (KAT) [22]. An der Namensgebung wurde zu der Zeit zwar noch gearbeitet, aber kontrolliert und alternativ sollte für Tierwohl oder Tierschutz oder Tierhaltung stehen.

Die erforderlichen 7 Gründungsmitglieder waren schnell gefunden, und somit wurde 1995 der Verein in Hannover gegründet. Teilnehmer waren bedeutende Unternehmen der Eierwirtschaft, Packstellen, Vermarkter und Händler. Ich wurde in der Gründungsversammlung zum Geschäftsführer bestellt und organisierte alles Weitere. Dazu gehörte die Satzung, Ausgestaltung der Kriterien, Geschäftsstelle und Vorschläge für die Benennung eines Vorstands. Ursprünglich gab es Gedanken, die damalige CMA einzubeziehen, die hatte jedoch dankenswerterweise abgelehnt, da der Verein auch die Möglichkeit, ausländische Mitbewerber als Mitglied aufzunehmen, ausdrücklich vorsah. Damit war der Weg frei für eine eigenständige Organisation.

Ein weiteres Ziel bestand darin, die gesamte Prozesskette einzubeziehen, ohne die es keine Grundlage gegeben hätte. Ich suchte also Kontakte zum Tierschutz, dem Lebensmitteleinzelhandel, zu Verbraucherschutzorganisationen, den Vermarktern bzw. Eierpackstellen und der Mischfuttermittel-Industrie. Im ersten Schritt waren es Teilnehmer des Lebensmitteleinzelhandels, der Eierpackstellen und ein Vertreter aus dem Bereich Tierschutz.

---

22 https://www.was-steht-auf-dem-ei.de

Auf keinen Fall sollten Produzenten in das Gremium einbezogen werden, denn es ging darum, Entscheidungen in Richtung Vermarktung zu treffen. Das wäre nicht zielführend gewesen, und der Verein wäre von vornherein gescheitert. Später kamen auch Mitglieder aus anderen Ländern der EU hinzu.

Es war nicht leicht, die Konstellation Vorstand an einen Tisch zu bringen. Vor allem der Tierschutz bereitete Probleme. Er wollte zu viel auf einmal. Dennoch ist es gelungen, Kompetenz aus dem Bereich Tierschutz zu gewinnen, der vor allem die Weitsicht hatte, ein schrittweises Vorgehen zur Umsetzung von Tierschutz und Tierwohl einzubeziehen. Geradezu rasant entwickelte sich der kleine Verband zu einem bedeutenden Verein. Die Rückverfolgung erfolgte zunächst über eine einfache Accesslösung, später folgte der professionelle Einsatz einer internetbasierten Datenbank.

Am Anfang gestaltete sich die Umsetzung der Vorgaben schwierig. Einerseits war die Erwartungshaltung des Lebensmitteleinzelhandels mit einer konsequenten Umsetzung sehr groß. Das führte andererseits zu Verstößen gegen die damaligen Vorgaben, und die Mitgliedsbetriebe wurden mit zum Teil sehr hohen Geldstrafen belegt. Es handelte sich schließlich um einen Verein, der aus Mitgliedsbeiträgen finanziert werden musste, und das Verständnis der Betroffenen fehlte. Dies hat allerdings die Kompetenz der Geschäftsführung geprägt und für Respekt gesorgt.

Die Arbeit der Geschäftsführung gestaltete sich deshalb im weiteren Verlauf zusehends schwieriger, denn ich hatte mich zu der Zeit zu einer Art grauen Eminenz der Eierbranche in ganz Europa etabliert. Viele Wirtschaftsbeteiligte waren der Meinung, dem muss Einhalt geboten werden. Der Einfluss des Geschäftsführers wurde als zu groß betrachtet. Die Idee der Kennzeichnung der Eier und der Aufbau eines konsequenten Rückverfolgungssystems, verbunden mit Internet und Wegbeschreibung zu den jeweiligen Betrieben, konnte man noch halbwegs akzeptieren. Das im weiteren Verlauf aber auch Gedanken in Richtung Verbot der Käfighaltung aufkamen, führte bei vielen Hühnerhaltern zu Kritik. Die Vorgabe nach einem Verbot des Schnabelstutzens ging jedoch eindeutig zu weit. Damals hatte ich gefordert, dass dieses im gesamten Gebiet der KAT-Betriebe obligatorisch wird. Außerdem gab es Ideen, das Verbot des Tötens männlicher Küken nach dem Schlupf für Betriebe des KAT-Systems ebenfalls zu verbieten und das hat das Fass zum Überlaufen gebracht. Vorstandsmitglieder suchten nach Möglichkeiten der Abberufung. Eine Kündigung war dank der guten Verbindungen zum Lebensmitteleinzelhandel und zu anderen Organisationen nicht möglich, das wäre für KAT nicht von Nutzen gewesen. Also bestand die Suche darin, „Erbsen zu zählen" und Schwächen zu finden, auf die ich im Weiteren detailliert eingehen werde.

Aufbau eines Kontrollsystems

Grundlage für die Erfassung der Stammdaten und Bewegungen war die Erstellung einer Datenbank. Dafür konnte ein EDV-erfahrener Mitarbeiter gewonnen werden, und die Datenerhebung entwickelte sich mehr und mehr zu einem professionell ausgestalteten Tool. Das reichte allerdings nicht aus, ich suchte nach einer internetbasierten Lösung, mit dem Ziel, dass die Anmeldung neuer Betriebe online erfolgte und schrittweise gelang. Wechselnde Datenbankbetreiber verursachten hohe Kosten und einen zunehmenden Bürokratismus. Externe Betreiber hatten zwar den Vorteil, dass die jeweils aktuelle Hard- und Software zur Verfügung stand, Anpassungen erforderten jedoch immer eine lange Vorlaufzeit, verbunden mit hohem Aufwand. Es handelte sich um namhafte Unternehmen, wie das Fraunhofer Institut Bonn [23], T-Systems [24], Qualitype [25] und andere.

23 https://www.iais.fraunhofer.de
24 https://www.t-systems.com/de/en
25 https://www.qualitype.de/de/start/

Ohne diese Unternehmen wären die wachsenden Anforderungen kaum zu realisieren gewesen. Neben der Erfassung von Stammdaten, den Warenbewegungen, der Internetplattformen zur Ermittlung des Printcodes auf dem Ei mussten Apps für die mobile Erfassung, Rückstandsmonitoring, Plausibilitätsprüfungen bis hin zur Fakturierung im System nach und nach implementiert werden. Schließlich kam die Erfassung und Auswertung der Audits hinzu, sodass ein weltweit einmaliges Rückverfolgungssystem entstand.

Heute betreibt KAT die Datenbank mit outgesourcten Servern in Hochsicherheitstrakten in Eigenregie und kann damit sehr flexibel auf Anpassungen reagieren. Noch während meiner Tätigkeit habe ich die Umstellung in die Wege geleitet und dafür hochqualifizierte Mitarbeiter gewonnen. Am Ende hat sich dies für alle Beteiligten ausgezahlt und als Schritt in die richtige Richtung erwiesen.

Eierkennzeichnung als Standard für Rückverfolgung

Eines der wichtigsten Elemente sollte die Kennzeichnung auf dem Ei werden. Die Idee war zunächst, über Transponder die Warenlieferungen von den Farmen zu den Eierpackstellen und dem Lebensmittelhandel zu erfassen. Das erwies sich allerdings als sehr schwierig. Anlässlich der bereits erwähnten zeitgleichen Veranstaltung des ZVE und KAT entstand die Idee, mittels eines Eier-Codes Aussagen über die Herkunft, der Haltungsform und dem Stall zu entwickeln. Eiererzeuger, vor allem aus den benachbarten Ländern, reagierten mit erheblichem Widerspruch, denn damit konnte erstmals festgestellt werden, aus welchem Land die Eier tatsächlich stammten. Die Entscheidung wurde glücklicherweise nicht allein von der Anbieterseite getroffen, der Lebensmittelhandel hatte seinerzeit als Entscheidungsträger im Vorstand ebenfalls klare Vorstellungen, was die Herkunft der Eier anbelangte. Die Kennzeichnung wurde umgesetzt, und früher, als von der

EU-Kommission in den Verwaltungsbestimmungen vorgegeben worden ist. Die ursprüngliche Kennzeichnung war und ist Vorbild für die Nahrungsmittelindustrie und ist beispielhaft weltweit. Die Kennzeichnung ist auch Grundlage für die Herkunftssicherung in der Datenbank, alle Eier und Betriebe können jederzeit rückverfolgt werden. Dies machte es schwer, weiterhin Schwindel zu betreiben, was im Interesse aller sein sollte. Bewährt hat sich das System insbesondere, als es Probleme mit Rückständen in Eiern gab. Erstmals konnte die Herkunft klar festgestellt werden und betroffene Chargen aussortiert werden. Rückstände im Futter, Schwermetalle, aber auch Dioxine und andere Rückstände ließen sich auf diese Weise in den Eiern nachvollziehen. Die Einzeleikennzeichnung war und ist deshalb ein wichtiges Instrument im Bereich der Lebensmittelsicherheit und heute nicht mehr wegzudenken.

Es wurde viel Aufwand für die Herkunftssicherung von Eiern betrieben. Aber die dahinterstehende Paarung von industrieller Effizienz einerseits und dem gesteigerten Interesse an Tierwohl und Transparenz in der Nahrungsmittelbranche andererseits war charakteristisch für die damalige Eierwirtschaft in Deutschland und benachbarten Ländern.

Betrügereien gab es aber noch immer. Deshalb wurde nach weiteren Wegen gesucht, diese zu verhindern. Drucker für die Kennzeichnung der Eier konnte man auch wissentlich falsch programmieren. Da die Kennzeichnung zu der Zeit auch in den Verpackungsbetrieben erfolgte, war das relativ einfach. Deshalb gab es obligatorisch die Vorgabe, die Kennzeichnung ausschließlich in den Legebetrieben vorzunehmen. Das war zu der Zeit neu und stieß zunächst auf erheblichen Widerspruch. Aber auch hier gab es Schlupflöcher, denn die Kennzeichnung konnte ohne großen Aufwand trotzdem an anderer Stelle erfolgen. Die Erfassung der Warenmengen ließ das durchaus zu. Es war ein einträgliches Geschäft, wenn ein LKW mit einigen 100.000 Eiern, die aus der Käfighaltung stammten, mit dem Bio-Siegel verkauft wurden. Dem musste begegnet werden, und damit war der Startschuss für weitere Kontrollinstrumente gefallen.

International Featured Standards – IFS

Der International Featured Standards, kurz der IFS [26], steht als Synonym für Qualitätssicherung und einheitliche Lebensmittel- und Produktstandards. Mit ihrer Hilfe wird sichergestellt, dass die nach IFS zertifizierten Unternehmen ein gemäß den mit den Kunden vereinbarten Spezifikationen konformes Produkt produzieren und stetig an der Prozessoptimierung arbeiten. Hersteller und Händler aus aller Welt arbeiten inzwischen mit den verschiedenen Standards, um den neuen Anforderungen durch die Globalisierung mit Qualität, Transparenz und Effizienz zu begegnen. Damit diese alle Bedürfnisse abdecken, sind sowohl Lieferanten und Händler als auch Zertifizierungsstellen an der Gestaltung beteiligt. Ideengeber der Etablierung eines solchen Standards waren damals maßgeblich verantwortliche und innovativ denkende Persönlichkeiten aus dem Lebensmitteleinzelhandel.

Erstmals wurden bestimmte Merkmale festgelegt, die der Produktsicherheit dienen sollten, beginnend mit dem IFS Standard 1. Daraus hat sich sehr viel entwickelt. Heute steht der IFS, damals noch International Food Standard, maßgebend für Produkt- und Lebensmittelsicherheit. Der Standard ist obligatorisch, wenn es um die Vermarktung und das Inverkehrbringen von Lebensmitteln geht. Das betrifft nicht nur europäisch ausgerichtete Vorgaben, sondern IFS ist mittlerweile sogar weltweit vertreten. Deshalb ist eine Zertifizierung nach IFS für die tierische Prozesskette von Bedeutung.

Für KAT war das damals ein bedeutender Ansatz. Denn über IFS konnte erstmals glaubwürdig sichergestellt werden, dass die Kriterien der Standards nach einem einheitlichen Schema von den zugelassenen Kontrollstellen zertifiziert wurden. Ich habe deshalb IFS für die Eierpackstellen als obligatorische Vorgabe

26 https://www.ifs-certification.com/index.php/de/

für die Zulassung gesetzt. Unterstützung gab es vom Lebensmitteleinzelhandel, der das Vorgehen außerordentlich begrüßte.

Bei vielen Mitgliedsbetrieben kam Widerstand und Unverständnis auf. Es gab plötzlich Vorgaben, die bisher ignoriert werden konnten, und man musste sich den neuen Herausforderungen stellen. Allerdings hatte es auch Vorteile, denn es gelang, sich gegenüber Mitbewerbern abzugrenzen, also Marktvorteile zu realisieren. Daraus resultierte auch die Motivation, sich dem neuen Standard nicht entgegenzustellen, sondern zu fordern. Das Ziel war erreicht. Es hat wesentlich dazu beigetragen, dass Lebensmittelsicherheit eine höhere Bedeutung erlangt hat.

Im weiteren Verlauf diente der IFS-Standard auch als Grundlage für die Vorgaben der Audits anderer Bereiche der Verbände. Die jeweiligen Standards und Checklisten wurden systematisch auf das Kontrollsystem übertragen, um einheitliche Kontrollvorgaben sicherzustellen. Innerhalb der EU erfolgten zum Teil sehr unterschiedliche und landesspezifische Bewertungen, die im Interesse eines einheitlichen Vorgehens nicht akzeptiert werden konnten. Deshalb erfolgte schrittweise auch hier ein Umdenken.

Heute ist IFS als Global Safety and Quality Standard weltweit verbreitet und eines der wichtigsten Kontrollsysteme für die Industrie, den Handel im Bereich Lebensmittel. Er soll helfen, Rückrufe zu verhindern, die Prozesse zu optimieren und den Verkauf von Lebensmitteln an den Einzelhandel zu erleichtern.

UV-Kontrollen

Im Bereich der Hygiene steht ultraviolettes Licht als fluoreszierendes Kontrastmittel für die Reinigung und Desinfektion für Hygienefachkräfte, Krankenhaus, Praxis, Küche, Toiletten, Hotel und die Lebensmittelindustrie. Möglich ist auch eine

Oberflächenbehandlung von Eiern, die inzwischen Anwendung findet, früher aber nicht erlaubt war. Das hat sich der Verein KAT bereits Ende der Neunzigerjahre zunutze gemacht. Zu der Zeit gab es zahlreiche Diskussionen über Etikettenschwindel, und die Erfassung der Warnmeldungen über die Datenbank wurden als nicht ausreichend betrachtet. In der Folge gab es also Kritik am System der Herkunftssicherung.

Eier aus alternativer Haltung standen weiterhin im Focus. Der Marktanteil war relativ gering, und dennoch wurden trotz Kennzeichnung und Datenbank viele Eier aus Käfighaltungen als Boden- oder Freilandware gekennzeichnet und gewinnträchtig verkauft. Die Lösung bestand in einer zusätzlichen Implementierung weiterer Kontrollinstrumente, und zwar mittels der sogenannten UV-Methode. Seitens der Geschäftsstelle wurde der Universität Bonn ein Gutachten in Auftrag geben, um eine wissenschaftlich basierte Auswertung zur Absicherung der Anwendung von Kontrollen mit ultraviolettem Licht sicherzustellen. Die beim Legen der Eier in Käfighaltung entstehenden typischen Abrollspuren konnten mit ultraviolettem Licht nachgewiesen werden. Das war seinerzeit revolutionär und stieß bei einigen Eierproduzenten und Vermarktern auf massive Bedenken. Die Möglichkeit des Nachweises von Käfigeiern wurde infrage gestellt, da auch bei den alternativen Tierhaltungen noch Nester vorhanden waren, die einen Drahtboden hatten und ebenfalls typische Spuren aufwiesen. Die Zweifel an der neuen Kontrollmethode waren durchaus berechtigt. Die Lösung stellte sich sehr einfach dar. Die Geschäftsstelle konnte die teilnehmenden Betriebe davon überzeugen, dass in den Legebetrieben für Boden- und Freilandhaltung nur noch Nestsysteme genehmigt werden, die keine Abfallspuren hinterlassen. Das kam auch dem Tierwohl zugute, denn Nester mit weichem Untergrund aus Stroh oder Matten trugen schließlich zum Wohlbefinden bei. Der damalige Vorstand hat das unterstützt, und der Weg war offen, das neue Verfahren als obligatorischen Bestandteil des Kontrollsystems zu etablieren. Es führte dazu, dass Eier nicht mehr umdeklariert werden konnten, die Gefahr erwischt zu werden, war einfach zu groß. Das hatte hohen Strafe oder Auslistung aus dem KAT-System zur Konsequenz, und die Eier konnten nicht mehr an den Handel geliefert werden.

UV-Kontrollen wurden seitdem regelmäßig in den Eierpackstellen und dem Lebensmitteleinzelhandel veranlasst, was zu zahlreichen Beanstandungen führte, die im Rahmen von Schiedsverfahren den Beteiligten zugänglich gemacht wurden. Transparenz war für KAT ebenso wichtig wie konsequente Umsetzung von Vorgaben, also auch für Verstöße.

Mit dem Verbot der Käfighaltung in Deutschland findet die UV-Kontrolle kaum noch Anwendung. Dafür gibt es inzwischen andere Methoden, die weitaus effizienter sind und obendrein auch eine Bestimmung der Herkunft ermöglichen.

Isotopenanalyse

Das Problem war damit noch nicht endgültig gelöst. Es gab weiterhin Schlupflöcher und Herausforderungen in Bezug auf die Herkunft und Deklarationen, die auch mit den damaligen Instrumenten nicht verhindert werden konnten. Es musste nach weiteren Möglichkeiten gesucht werden, und es kam die Idee auf, die Herkunftssicherung über Isotopen abzusichern.

Die Isotopen-Analyse, die korrekt Stabil-Isotopen-Analyse heißt, nutzt die Tatsache, dass jedes organische Material auf der Erde aus chemischen Elementen besteht. Die Elemente, die den Hauptteil der Biomasse bilden (Wasserstoff, Sauerstoff, Kohlenstoff, Stickstoff und Schwefel), bestehen jeweils aus mehr als einem stabilen Isotop. Das bedeutet, dass alle Pflanzen und Tiere sowie die daraus hergestellten Produkte, aber auch Menschen natürlicherweise aus Isotopen bestehen.

Aufgrund der ständigen Umsetzungen in Stoffkreisläufen variiert die isotope Zusammensetzung der Bioelemente von Ort zu Ort. Da die Biomasse aus dem Material der Umgebung gebildet wird, spiegelt sie auch deren isotope Zusammensetzung wider, d. h. ein Produkt eines bestimmten Standortes kann sich signifikant in seiner Isotopenzusammensetzung von einem Produkt eines anderen Standorts unterscheiden. Damit verfügt jede Biomasse, z. B. auch jedes Lebensmittel, über eine – nicht radioaktive – natürliche Markierung, den sogenannten „Isotopen Fingerabdruck". Dieser ist nicht sichtbar und kann auch durch chemische Zusätze oder Verarbeitungsprozesse nicht verändert werden. Er ermöglicht, die Rückverfolgbarkeit von organischem Material zum ursprünglichen Herkunftsort zu gewährleisten. Damit kann heute nicht nur das Herkunftsland oder die Region, sondern auch ein Erzeugerbetrieb identifiziert werden.

Wasser ist der Ursprung allen Lebens auf der Erde. Doch Wasser ist nicht gleich Wasser. Die weltweiten Wasservorkommen unterscheiden sich in ihrer Isotopenzusammensetzung sehr deutlich voneinander. Weltmeere enthalten über 97 Prozent des freien Wassers der Erdoberfläche. Die großflächige Verdunstung dieses Wassers führt zur Bildung von Wolken. Das verdunstete Wasser regnet ab, verdunstet erneut und wird wieder abgeregnet. Das Wasser folgt dabei den Bewegungen der großen Luftmassen und verändert ständig seine isotope Struktur. Aufgrund dieser Tatsache ergibt sich für jede Region der Erde ein spezifischer Isotopenwert, der sich im Niederschlag, in den Pflanzen und in allen wasserhaltigen Produkten nachweisen lässt.

Um das neue Verfahren für KAT nutzen zu dürfen, habe ich die Methode durch Wissenschaftler in einer Vorstandssitzung präsentieren lassen. Die Abstimmung darüber verlief ungewöhnlich turbulent, offensichtliche Bedenken zur Einführung der neuartigen Analyse, die sich womöglich in Ängsten begründete, „aufzufliegen"? Es sah tatsächlich so aus. Dennoch wurde das Verfahren als geeignet befunden, denn der Lebensmittelhandel, obligatorische Vorstandsmitglieder, saß glücklicherweise als Entscheidungsträger mit am Tisch. Niemand wollte sich outen.

Die Isotopenanalyse ist heute eine gängige Methode zur Herkunftsbestimmung bis in die Regionen, zudem ein relativ simples Verfahren, das bereits vor Jahren im Lebensmittelbereich Anwendung fand, Herkünfte von Spargel, Wein oder Früchten ließen sich damit herausfinden, und eine Vielzahl von Betrügereien wurde aufgedeckt. Anhand von Referenzproben konnte dieses Instrument auch für Eier erfolgreich angewandt werden. Zusammen mit dem Labor des Forschungszentrums Agroisolab GmbH in Jülich [27] wurde es Bestandteil der Herkunftssicherung des KAT-Systems. Das hat sich das Forschungszentrum Jülich zunutze gemacht. Es wurden aus allen Regionen schrittweise Wasserproben gezogen, analysiert und in einer speziell dafür aufgebauten Datenbank als Referenzmuster hinterlegt. Durch die Analyse der Sauerstoff/Wasserstoff-Isotopen-Verhältnisse im Ei konnte die Herkunft eindeutig bestimmt werden Das Projekt war sehr erfolgreich. Bei vielen Betrieben im Bereich des Eierhandels hielt sich die Resonanz in Grenzen. Über die neue Analysemethode konnte herausgefunden werden, aus welcher Region die Eier tatsächlich stammen. Dabei ging es nicht darum, den jeweiligen Betrieb zu identifizieren, was durchaus möglich gewesen wäre, sondern Regionen zu erfassen, d. h. Nord Süd Ost oder West bzw. die jeweiligen Länder innerhalb und außerhalb der EU. Das hat völlig ausgereicht, das KAT-System fortschrittlich zu stabilisieren.

Stichprobenweise wurden vor allem im Lebensmittelhandel Proben gezogen und auf die tatsächliche Herkunft analysiert. Zu Beginn gab es zahlreiche Abweichungen, und die Betriebe mussten erklären, warum es dazu kam. Schließlich war die Methode rechtlich fundiert, und es kam zu zahlreichen Verfahren wegen Etikettenschwindel und Ausschluss aus dem KAT-System. Der

27 https://www.agroisolab.de/isotopen-analyse-funktion.htm

Analyse wurde deshalb sehr schnell erhebliche Bedeutung zugeordnet. Nicht nur in Deutschland, sondern auch in anderen Ländern der EU gab es aufgrund der neuen Methode erheblichen Kontrollumfang.

Dennoch hat die Isotopenanalyse eine datenbankgestützte Herkunftssicherung nicht ersetzt. Sie war lediglich ein weiteres Instrument der Kontrolle. Unter Einbeziehung zusätzlicher Elemente, neben Wasserstoff und Sauerstoff zählten dazu Stickstoff, Kohlenstoff und Schwefel, konnten die Analysen verfeinert werden und somit auch andere Produkte als Eier in die Kontrolle einbezogen werden, insbesondere der Bereich Mischfuttermittel. Später sollten auch Eiprodukte und bunte Eier einbezogen werden.

Das System der Analytik wurde im Laufe der Jahre verfeinert. Vor allem durch den Aufbau einer umfangreichen Datenbank mit den entsprechenden Referenzwerten konnte mit sehr hoher Genauigkeit die Herkunft der Eier bzw. deren Region analysiert werden, und dies war in Zeiten des Verbots der Käfighaltung von hoher Bedeutung. Insbesondere im Bereich der Weiterverarbeitung ließ sich damit die tatsächliche Herkunft der Eier ableiten.

In der Folge sollten auch entsprechende Analysen für den Bereich Nahrungsmittel möglich sein. Dies erwies sich aber als schwierig, da aufgrund des Mischungsverhältnisses vieler Einzelkomponenten in der Verarbeitung die Methodik überfordert war. Ansatzweise konnten aber dennoch Erfolge erzielt werden, wenn auch nicht in der Größenordnung wie im Bereich Eier.

Die Isotopenkontrolle findet auch heute noch breite Anwendung. Der Lebensmit-teleinzelhandel verkauft ausschließlich Eier aus alternativen Haltungssystemen (Boden-, Freiland- und Bio-Haltung), doch gilt es nach wie vor, die Herkunft transparent zu gestalten. Während in Deutschland und angrenzenden Ländern fast ausschließlich Eier in alternativen Systemen produziert und vermarktet werden, gibt es innerhalb der EU noch große Unterschiede und nach wie vor Käfighaltung, sogar in den inzwischen verbotenen Käfiganlagen. Die Kontrolle kommt der Überwachung nicht nach. Lobbys und Interessen der Wirtschaft stehen vielem entgegen, Beweise gibt es dafür leider nicht. Deshalb ist es wichtig, über ein wirksames Instrument zu verfügen, das geeignet ist, die tatsächliche Herkunft transparent zu gestalten.

Heute finden zwar nur noch Stichproben im Lebensmittelhandel statt, das reicht aber zur Sicherstellung der Herkunft bzw. der Region aus. Die Methode ist validiert und rechtlich abgesichert.

Krisen und neue Herausforderungen

Krisen gehören zum Alltagsgeschäft. Alles, was produziert und auf den Markt gebracht wird, kann Mängel, in welcher Form auch immer, aufweisen. Krisenmanagement heißt Krisenbewältigung und ist in erster Linie eine Krisenprävention in Zusammenarbeit mit den zuständigen Behörden. Problematisch ist es besonders dann, wenn Unternehmer versuchen, das Problem zu ignorieren bzw. zu vertuschen.

Krisen stellen einen Rechtsbegriff dar, der ein bestimmtes Schadensereignis darstellt, das möglicherweise Leben und Gesundheit von Menschen erheblich gefährdet oder einschränkt. Eine Krise liegt vor, wenn konkrete Hinweise vorhanden sind, dass ein solches Ereignis bevorsteht. Krisenmanagement ist deshalb eine permanente Aufgabe und Herausforderung aller Unternehmen und deren Aktivitäten. Es geht um die Identifikation, die Analyse, die Quantifizierung, die Krisenbeurteilung und Bewertung mit der abschließenden Krisenbewältigung. Für das Krisenmanagement gab es spezielle Vorgaben, mit der die einzelnen Schritte und Abläufe, Zuständigkeiten und Kommunikationsmaßnahmen zur Bewältigung der Krise dargestellt werden.

In der Vergangenheit musste ich mich leider allzu oft mit Krisen auseinandersetzen und verfüge deshalb leider über hinreichende praktische Erfahrung, die sich daraus ergeben haben. Anhand einiger Beispiele aus der damaligen Praxis soll erläutert werden, wie bzw. welche Maßnahmen getroffen wurden, um ein entsprechendes Krisenmanagement mit Vorsorgemaßnahmen aufzubauen und sicherzustellen.

Beanstandungen und Reklamationen durch Kunden, Behörden oder Verbraucher dürfen nicht unbeantwortet bleiben. Sie sind eine wichtige Informationsquelle über die Sicherheit der eigenen Produkte. Dabei spielt es grundsätzlich keine Rolle, ob beispielsweise das Nichteinhalten der angegebenen Haltbarkeit der eigenen Produkte durch eine Verbraucherreklamation ausgezeichnet oder mittels amtlichen Beanstandungsbefunden dokumentiert wird. Das kann verschiedene Ursachen haben, die möglicherweise auch nicht in der Verantwortung des Herstellers zu suchen sind (zum Beispiel Unterbrechung der Kühlkette im Handelsbereich).

Geht der Lebensmittelunternehmer den Beanstandungen bzw. Reklamationen nicht nach und arbeitet er diese nicht in angegebener Weise auf, so kann sich das zu einer echten Krise entwickeln. Das gilt insbesondere vor dem Hintergrund, dass nach einer Mehrzahl gleichartiger Verstöße die Behörden nicht mehr von einer Fahrlässigkeit ausgehen, sondern den Lebensmittelunternehmen Vorsatz unterstellen.

Im Rahmen der Krisenmeditation müssen daher alle Verfahren oder Arbeitsanweisungen festgelegt werden, wie mit Beanstandungen und Reklamationen umgegangen werden muss. So können beispielsweise für Verbraucherbeschwerden Formblätter entwickelt werden, um entsprechende Beanstandungen telefonisch oder schriftlich zusammenzufassen, um die sich Mitarbeiter zu kümmern haben. Entsprechend muss die Arbeitsanweisung lauten, die für das Erstellen eines Krisenplans von äußerster Wichtigkeit ist. Es handelt sich um eine strikte Arbeitsanweisung, wie im Falle einer Krise vorzugehen ist. Das gilt nicht nur für die Unternehmen, sondern auch die Behörden sind verpflichtet, Krisenpläne aufzustellen. Grundlage hierfür ist unter anderem die Basisverordnung der Europäischen Kommission, die in enger Zusammenarbeit mit der europäischen Lebensmittelbehörde (EFSA) und den Mitgliedsstaaten einen allgemeinen Plan für das Krisenmanagement zu erstellen hat. Dieser Plan wird immer dann angewendet, wenn die in der Basisverordnung festgelegten Maßnahmen zur Verhütung, Beseitigung oder Reduzierung eines Risikos nicht ausreichen.

Produktsicherheit kann auch durch eine entsprechende Information an die Verbraucher erreicht werden. Insoweit geht es um die Verbesserung des Verbraucherwissens über Lebensmittel und von bestimmten Lebensmitteln ausgehende Gefahren. Beispiel hierfür: rohe Eier, die nach der Zubereitung nicht ausreichend gekühlt werden. Das kann dazu führen, dass Salmonellen in das Nahrungsmittel gelangen. Deshalb sind die Praktiken einer guten Küchenhygiene von eminenter Wichtigkeit. Ein Wissensdefizit bei den Verbrauchern kann durch entsprechende Produktinformationen oder durch übergeordnete Kampagnen, wie Informationen auf den Produkten selbst, erfolgen. Diese sollten in leicht verständlicher Sprache dargestellt werden.

Das Thema „Risikominimierung" ist sehr vielschichtig. Dafür nachstehend einige

Beispiele:

Den ersten großen Lockdown gab es bereits 1999 mit dem als belgischen Dioxin-Skandal oder Chicken-Gate [28] aufgedeckten Skandal um Dioxin- und PCB-belastetes Futterfett, das u. a. auch in Futtermittel für Legehennen gelangte.

28 https://de.wikipedia.org/wiki/Belgischer_Dioxin-Skandal

Eine belgische Fettrecyclingfirma verkaufte in der ersten Jahreshälfte 1999 Dioxin- und PCB-verseuchte Fettsäuren an Futtermittelhersteller in mehreren europäischen Ländern. Das Dioxin entstand unter anderem beim Erhitzen verunreinigter Vormaterialien. Auffällig wurde die Dioxin-Kontamination durch Geflügelerkrankungen und -missbildungen in belgischen Mastbetrieben. Auch Legebetriebe waren betroffen. Dioxinrückstände in Eiern führten zu einer fast vollständigen Auslistung von Eiern im Lebensmitteleinzelhandel: Es handelte sich um eine Katastrophe, die sich nachhaltig auf die spätere Entwicklung und Vorgaben im Bereich der Lebensmittelsicherheit auswirkte. Bis dahin gab es keine lückenlose Schadstoffüberwachung der Futtermittel. Als Reaktion auf die Dioxinbelastung verhängten mehrere Länder Importstopps auf belgische Eier und Veredelungsprodukte.

Das betraf auch viele KAT-Betriebe. Neben den Niederlanden zählte Belgien zu den wichtigsten Lieferanten von Eiern am deutschen Markt. Das hatte negative Auswirkungen auf den Verbrauch.

Um solche Ereignisse in Zukunft zu verhindern, wurde auf europäischer Ebene 2002 die Europäische Behörde für Lebensmittelsicherheit (EFSA) [29] gegründet, mit dem Ziel, aufkommende gesundheitliche Fragen und Gefahren zu untersuchen und anhand von wissenschaftlich fundierten Bewertungsmethoden und -ansätzen zu analysieren.

Die Beratung der EFSA wird hauptsächlich von wissenschaftlichen Gremien und Ausschüssen geleistet. Die EFSA überwacht und analysiert außerdem Informationen und Daten zu biologischen Gefahren, chemischen Kontaminanten und neu auftretenden Risiken.

29 https://www.efsa.europa.eu/de

KAT reagierte mit einem Verbot von aufbereiteten bzw. recycelten Fetten im Futter für Legehennen. Als Reaktion auf die Rinderkrankheit BSE wurde im Jahr 2000 auch die Verwendung von Tiermehl und Tierfetten verboten. Das war mit zusätzlichen Kosten verbunden, die zum Teil höhere Eierpreise zur Folge hatte. Lebensmittelsicherheit ging jedoch vor und hatte von diesem Zeitpunkt an eine wesentlich höhere Priorität. Außerdem wurde ein Monitoring eingeführt und die Futtermittelindustrie aufgefordert, sich dem Kontrollsystem KAT anzuschließen. Seither bestehen konkrete Vorgaben für die Herstellung von Legehennenfutter entlang der Prozesskette, vom Landwirt bis zum Mischfuttermittelhersteller, und eine obligatorische Teilnahme am Kontrollsystem.

Weitere Krisen nach Dioxin sollten folgen. Diesmal gab es Rückstände, die von den Auslaufflächen herrührten, aber auch Rückstände z.B. durch Einstreu, geteerte Zaunpfähle und andere Kontaminationen. Seit Januar 2005 gilt für Eier EU-weit ein Grenzwert für Dioxin und dioxinähnliche PCBs. Deshalb wurde ein Monitoring eingeführt, um bereits im Vorfeld auf mögliche Risiken schließen zu können. Tatsächlich gab es immer wieder Kontaminationen, die bei Überschreiten des Grenzwerts zu einer Sperrung der Betriebe führten, und damit konnte ein wichtiger Beitrag zur Risikominimierung geleistet werden.

Die Viruserkrankung durch das Influenza-A-Virus H5N1 (Vogelgrippe) hatte 2002 gravierende Folgen für die Eier und Geflügelwirtschaft. Das betraf Betriebe in ganz Europa.

Die europäische Kommission hat seinerzeit zur Vermeidung einer weitere Ausbreitung die Geflügelpest-Verordnung erlassen. Deshalb konnten zum Beispiel Betriebe mit Freilandhaltung, die Tiere für einen bestimmten Zeitraum in den Ställen belassen, ohne dass eine andere Auslobung vorgenommen werden musste. Diese Regelung besteht auch heute noch, denn Ausbrüche von Geflügelpest gibt es immer wieder, und deshalb müssen Maßnahmen erfolgen.

Leider gab es auch hier Problemfälle. Einige Hühnerhalter haben die Auslegung des Aufstallungsgebots sehr großzügig interpretiert und den Hühnern für einen Tag Auslauf gewährt und sie danach wieder für einige Monate in den Ställen belassen. Eine derartige Umgehung von Vorschriften führte zu massiver Kritik. KAT hat deshalb Vorgaben erlassen, die das ausschließen. Der Zeitraum, für wie lange die Eier im Falle einer amtlichen Verfügung zur Aufstallung als Freilandware vermarktet werden dürften, wurde eingeschränkt. Verbrauchern konnte die Vermarktung als Freilandware nicht vermitteln werden, wenn den Tieren kein Auslauf zur Verfügung stand.

Rückstände und nochmals Dioxine

Die Dioxinkrise Ende des Jahres 2011 führte zu einer erneuten öffentlichen Warnung und Rückruf von nicht verkehrsfähigen Lebensmitteln. Betroffen waren insbesondere wiederum Eier und Geflügelfleisch. Bemerkenswert an dieser sogenannten Dioxinkrise ist allerdings nicht der Umstand, dass in einem Futtermittelwerk möglicherweise schuldhaft dioxinhaltige Milchfettsäuren, die ursprünglich für technische Zwecke bestimmt waren, Mischfuttermitteln für die tierische Veredlung beigemischt wurden. Der eigentliche Grund bestand darin, dass sich Dioxine bei der vorausgegangenen Fütterung im Fettgewebe eingelagert hatten, und hierdurch kam es später zu Verunreinigungen in Eiern und in Geflügelfleisch, aber auch anderen tierischen Erzeugnissen. Betroffene Betriebe wurden gesperrt und Rückrufaktionen eingeleitet. Der mediale Druck war enorm. Verbraucher wurden aufgefordert, die gekauften Eier zurückzugeben bzw. zu vernichten.

Dank KAT konnte durch den obligatorischen Erzeugercode auf jedem Ei die Herkunft der Eier rückverfolgt werden. Die Namen der betroffenen Betriebe, die über den Code öffentlich zugänglich waren, wurden von den Behörden bekannt gegeben und mit Warnhinweisen versehen. Allerdings befanden sich Eier bereits in den Kühlschränken der Verbraucher, denn das Dioxin wurde schon im November entdeckt, aber erst im Januar 2012 informierten die zuständigen Behörden die Verbraucher über Gefahren durch mögliche Dioxinrückstände. Zu diesem Zeitpunkt waren die Eier aber größtenteils verzehrt. Auch für Geflügelfleisch gab es Rückrufaktionen, was sich aber weitaus schwieriger gestaltete, da es hier keine Rückverfolgungssysteme analog KAT mit der Einzeleikennzeichnung gibt. Der Imageschaden war enorm und führte dazu, dass kritische Verbraucher den Verzehr von Eiern einschränkten. Der Verbrauch ging zurück. Interessanterweise profitierte hiervon allerdings der Bereich Bio. Denn hier ging man davon aus, dass es strengere Vorgaben und Kontrollen gibt, die für mehr Sicherheit sorgen.

Das Thema Dioxin hatte in der Vergangenheit schon des Öfteren zu erheblichen Problemen geführt. Erstmals Mitte der Siebzigerjahre, als durch den Chemieunfall in Seveso, Italien, ca. 2 kg Dioxin freigesetzt wurden, was zu massiven Erkrankungen führte. Dioxin gilt als Krebserreger und ist in höchstem Maße gesundheitsschädlich, was auch die Ängste der Verbraucher und Auswirkungen von Dioxinrückständen erklärt.

Ein weiterer Fall entstand mit dem Nitrofenskandal 2002. Nitrofen ist ein Herbizid, das früher in der Landwirtschaft verwendet wurde. Nitrofen gilt als krebserregend und wird vom Körper nicht abgebaut, sondern setzt sich im Fettgewebe bei Tieren fest, und bei Legehennen kann es in die Eier übergehen. Im Sommer 2002 wurden entsprechende Rückstände bekannt. Bis 1999 waren Nitrofen in der damaligen DDR wie auch andere in der EU verbotene Pestizide noch zugelassen. Dementsprechend gab es nach der Wiedervereinigung noch eingelagerte Restbestände von belasteten Futtermitteln in einer Lagerhaltung. Diese wurden vor der Verfütterung nicht ausreichend überprüft und gereinigt und u. a. als Biofutter an Legehennen verfüttert.

Daraus ergab sich ein neuer Skandal, dieses Mal im Bereich der ökologischen Produktion. Umfangreiche Rückrufaktionen waren die Folge. Erstmals konnten die betroffenen Betriebe und die verkauften Eier exakt ausfindig gemacht werden. Das seinerzeit von KAT entwickelte Datenbanksystem für die Sicherstellung der Rückverfolgung und die neu eingeführte Einzeleikennzeichnung mit der Nennung der Herkunft der Eier erwies sich als wirkungsvolle Präventivmaßnahme. Erstmals konnte anhand der Kennzeichnung auf den Eiern belastete Ware gezielt vom Markt genommen werden, um Schaden für die Verbraucher abzuwenden.

Für die betroffenen Betriebe bedeutete das zwar erhebliche Verluste, die an die Existenzgrenze gingen, allerdings konnten durch das konsequente Handeln vertrauensbildende Maßnahmen zurückgewonnen werden. Man erkannte, dass die Rückverfolgbarkeit von Produkten in Krisenfällen eines der wichtigsten Kriterien im Bereich Lebensmittel darstellt. Einige Jahre später wurde deshalb die Einzeleikennzeichnung von der EU-Kommission als verpflichtende Vorgabe für das Inverkehrbringen von Eiern EU-weit übernommen.

Ende 2014 gab es weitere Vorfälle, ebenfalls im Bereich Bio. Es wurden Rückstände von Fungiziden entdeckt, die im ökologischen Bereich nicht zugelassen sind. In der Folge durften zahlreiche Betriebe ihre Erzeugnisse nicht mehr mit dem Bio-Siegel verkaufen, und es gab Rückrufe. Eine Gefahr der menschlichen Gesundheit bestand nicht, dennoch mussten die Eier entsorgt bzw. der industriellen Verwertung zugeführt werden. Das kontaminierte, aber als „Bio“ deklarierte Futter stammte von einem niederländischen Getreidehändler, der Bio-Landwirte in Deutschland belieferte.

Es handelte sich um 2.000 Tonnen belastete Sonnenblumenkuchen. Betroffen waren ökologisch produzierende Legehennenbetriebe sowie Schweine-, Rinder- und Schafhalter. Im konventionellen Bereich unterliegen die gefundenen Pflanzenschutzmittel keiner Restriktion, das gilt aber nicht für die ökologische Produktion. Hier gelten weitaus strengere Maßstäbe. Für die betroffenen Betriebe hatte dies gravierende Auswirkungen. Bereits ausgelieferte Ware wurde von den regionalen Behörden zurückgerufen, und die Ware aus der laufenden Erzeugung durfte für einen bestimmten Zeitraum nicht mehr vermarktet werden. Interessant ist dabei, dass die Regelungen nur in einzelnen Bundesländern in Deutschland umgesetzt wurden, während das Gros des verbleibenden, mit Pestiziden belasteten Kuchens in anderen EU-Ländern weiterhin als Bio veredelt werden durfte.

Deutsche Behörden sahen unterdessen den Tatbestand einer Verbrauchertäuschung im Sinne der EU-Ökoverordnung als gegeben, da nur unbelastetes Biofutter eingesetzt werden darf, was auch richtig ist. Für die betroffene Branche entstanden sehr hohe Kosten und Imageverluste.

Der jüngste Vorfall ereignete sich 2017 in den Niederlanden durch den verbotenen Einsatz des Insektenbekämpfungsmittels (gegen Milben) Fipronil. Erneut gelangten belastete Eier, und zwar fast ausschließlich aus niederländischer Produktion, auf den Markt, mit der Folge, dass Eier mit der Kennung NL, für die Niederlande, aus dem Handel genommen wurden. Betroffen waren auch Eiprodukte und damit ebenso verarbeitete Erzeugnisse wie Kuchen, Nudeln etc., mit eihaltigen Bestandteilen. Auch hier erwies sich die Einzeleikennzeichnung als sehr effektiv, denn Rückrufe konnten gezielt vorgenommen werden, und unbelastete Ware verblieb in den Märkten. Im Bereich der verarbeiteten Erzeugnisse blieb allerdings eine Grauzone.

Präventive Maßnahmen

Krisensituationen können plötzlich und unerwartet auch in einem noch so sorgfältig geführten Betrieb auftreten. Als Ursache zählen interne Probleme im Betriebsablauf, aber auch externe, unvorhersehbare Schwierigkeiten. Im Rahmen einer Prävention sind daher alle erdenklichen Maßnahmen zu ergreifen, um auf derartige Situationen ausreichend vorbereitet zu sein.

Dazu zählen:
Generelle Präventionsmaßnahmen wie z.B. Qualitätsmanagement, Eigenkontrollsysteme nach den Grundsätzen des HACCP-Konzepts, Rückverfügbarkeit, Beanstandungen und Reklamationen, systemimmanentes Management und vieles mehr. Darüber hinaus gilt die Beachtung spezifischer Maßnahmen, wie die Erarbeitung eines Krisenplans und Sondermaßnahmen bei Risikoprodukten.

Für ein gut geführtes Unternehmen ist deshalb ein Qualitätsmanagementbuch mit Festlegung der Verfahrensanweisung zur Qualitätspolitik sowie den Grundsätzen der Qualitätssicherung zwingende Vorgabe. Inzwischen haben sich, auch auf Druck des Lebensmitteleinzelhandels, Systeme nach dem International Feature Standard(IFS) [30]etabliert. Dazu gehört auch das British Retail Consortium – Global Standard for Food Safety, (BRC) [31] mit vergleichbaren Vorgaben.

Wichtigster Bestandteil eines Qualitätsmanagementsystems ist das schon zuvor erwähnte HACCP-Konzept. Das ist im Übrigen nach Art. 5 der Verordnung 852/2002 (EG) Nr. 852/2004 über Lebensmittelhygiene gefordert. Danach müssen Lebensmittelunternehmer ein oder mehrere Verfahren, die auf den

30 https://www.ifs-certification.com/index.php/de/ifs

31 https://certifications.controlunion.com/de/certification-programs/certification-programs/brc-british-retail-consortium

HACCP-Grundsätzen beruhen, einrichten, durchführen und aufrechterhalten.

Krisen bedeuten aber auch, dass Systeme zur Wahrung der Lebensmittelsicherheit von großer Bedeutung sind. Dies hat auch das Meinungsbild in den Verbänden nachhaltig geprägt. Vor allem Organisationen, wie Foodwatch und Tierschutzorganisationen wie die Albert Schweitzer Stiftung unterstützten das Bestreben einer Zusammenarbeit und eines Gedankenaustausches, um einen wichtigen Beitrag zur Qualitätssicherung oder insbesondere Tierschutzvorgaben zu gewährleisten. Das ist durchaus gelungen, wenngleich solche Aktivitäten in den Verbandskreisen des Eier-, Wild- und Geflügel-Groß- und Außenhandels eher kritisch betrachtet wurden. Dennoch fanden intensive Gespräche und zahlreiche Treffen statt, die im Ergebnis mit dazu beigetragen haben, dass im Falle von Krisen, Rückständen oder sonstigen Beanstandungen eine objektive Betrachtung erfolgte. Schließlich ist das den Mitgliedsbetrieben zugutegekommen. Ziel war, dass im Fall von tatsächlichen Beanstandungen oder Verfehlungen konsequente Maßnahmen getroffen wurden.

Es liegt schon viele Jahre zurück, als eine bedeutende Tierschutzorganisation Kontakt aufgenommen hat, um mich zu Beanstandungen und Vorfällen einer nicht korrekten Haltung von Freilandlegehennen um Stellungnahme bat. Was war passiert? Legehennen in Freilandhaltung, die entsprechend den gesetzlichen Vorgaben tagsüber uneingeschränkten Zugang zum Auslauf haben müssen, wurden über Monate im Stall eingesperrt und die Eier als Freilandware verkauft. Das wurde anhand von Bilddokumentation klar nachgewiesen. Zudem gab es große Plakate eines bedeutenden Lebensmitteleinzelhändlers, der diese Eier als Freilandware in seinen Supermärkten verkaufte. Das war ein ganz klarer Verstoß gegen Kennzeichnungsvorgaben, die rechtlich zu beanstanden sind und den Tatbestand der Verbrauchertäuschung bzw. Betrug erfüllen. Außerdem wurde gegen die Vorgaben des KAT-Systems verstoßen.

Verantwortliche Betriebsleiter wurden zu einem Schiedsgerichtsverfahren eingeladen, anwesend war auch der Tierschutz, der das bei KAT zur Anzeige gebracht hatte. Es erfolgte konsequenterweise die sofortige Sperrung des Betriebs. Ein Verkauf der Eier war damit nicht mehr möglich. Eine Wiederzulassung als KAT-Betrieb erfolgte unter der Voraussetzung einer personellen Neubesetzung. Der verantwortliche Betriebsleiter wurde entlassen und der Zuständigkeitsbereich für die Legehennenhaltung unter neue Leitung gestellt. Das Verbot der Freilandhaltung wurde dennoch aufrechterhalten. Die Vermarkung erfolgte nur noch als Bodenhaltung, was für die Beteiligten erhebliche wirtschaftliche Konsequenzen bedeutete.

In der Vergangenheit gab es ähnliche Fälle, die ebenso streng gehandhabt wurden und zu Beginn auch mit sehr hohen Geldstrafen geahndet wurden. Es hat mit dazu beigetragen, dass zum einen die Glaubwürdigkeit des Kontrollsystems erheblich gewann, zum anderen die Gefahr, erwischt zu werden, zu groß wurde. Das hatte zur Folge, auch beim Lebensmittelhandel ausgelistet zu werden. Seinerzeit wurden zudem der Handel und Mitglieder per Rundschreiben über Verstöße der Vorgaben bzw. Sperrungen informiert, was heute aus datenschutzrechtlichen Gründen bedenklich wäre. Damals war es ein äußerst wirksames Mittel und hat die Glaubwürdigkeit des Systems gefördert. Bei den meisten Mitgliedsunternehmen fand das Vorgehen sogar Unterstützung, denn es ging auch um Wettbewerb.

Konsequentes Handeln bei Verfehlungen ist und war einer der wichtigsten Bausteine von Kontrollsystemen, die ich aufgebaut habe und über Jahre begleiten konnte. Das bedeutet auf der einen Seite Anerkennung, auf der anderen Seite aber auch Kritik, Beschwerden, bis hin zu Anfeindungen und juristischen Auseinandersetzungen. Im Ergebnis hat es aber dazu geführt, dass eine klare Haltung und Position auch gegen Interessen der Mitgliedsbetriebe auf lange Sicht der richtige Weg ist.

Verbandsarbeit KAT

Krisenmanagement und die klassische Verbandsarbeit gehören zusammen. Dazu zählte auch die Kontaktaufnahme zu den administrativen Bereichen der Geflügel- und Eierproduktion in anderen Ländern. Hierfür ein Beispiel:

Argentinien lieferte nach dem Verbot der Käfighaltung in der EU und der zunehmenden Nachfrage nach Eiern aus alternativer Haltung verstärkt Eipulver aus Bodenhaltung nach Österreich und andere Länder der EU. Das machte mich neugierig, denn die Preise hierfür lagen auf dem Niveau von Herkünften aus Käfighaltung, was trotz günstigerer Rahmenbedingungen nicht sein kann, denn hinzukommen Fracht und Zoll bei der Einfuhr in die EU. KAT war zu der Zeit damit beschäftigt, den Bereich bei Produkten in das Kontrollsystem einzubeziehen. Es galt, Betriebe der Nahrungsmittelindustrie davon zu überzeugen, dass dies der Weg der Zukunft ist. Es handelte sich um ein schwieriges Unterfangen, denn die zur Verfügung stehende Menge an Eiprodukten aus Boden- oder Freilandhaltung war zu gering. Außerdem lagen die Preise im Vergleich zu Eiprodukten aus Käfighaltung auf einem deutlich höheren Niveau, was zu einer Verteuerung der Produktionskosten geführt hätte. Die preiswerten Lieferungen aus Argentinien, obendrein zertifiziert durch ein in Österreich ansässiges Kontrollunternehmen, mit Herkunfts- und Plausibilitätsbescheinigungen dieser Produkte, ließen allerdings berechtigte Zweifel an der Echtheit aufkommen.

Dank meiner guten Kontakte zu den Verbänden, dazu gehörte auch die Interessensvertretung der Eierproduzenten in Argentinien, hatte ich die Gelegenheit einer Besichtigung vor Ort. Zunächst hat mich der Präsident der dortigen Geflügelwirtschaft davon überzeugen wollen, dass der Anteil von Eiern aus Bodenhaltung in Argentinien sehr hoch ist und einen wichtigen Bestandteil der Eierproduktion darstellt. Soweit die Erzeugung in kleinstrukturierten bäuerlichen Betrieben stattfindet, konnte ich diese Argumente durchaus teilen, für eine kommerzielle, die zudem exportorientiert arbeitet, erschien mir das sehr weit hergeholt. Schließlich kam ein Besichtigungstermin des Eiproduktenwerkes zustande, und ich hatte die Möglichkeit einer Betriebsbesichtigung. Soweit war alles in Ordnung, und die Qualitätssicherungsvorgaben und Audits wurden von der bereits zitierten, in Österreich ansässigen Kontrollstelle umgesetzt. Große Schilder mit dem Namen des Unternehmens zeigten, dass diese tatsächlich irgendwann einmal vor Ort war.

Meines Erachtens dürfte es sich bei den Bodenhaltungseiern eher um eine bodennah gehaltene Produktion in herkömmlichen Käfigen gehandelt haben. Zumindest ist die untere Reihe in den Käfiganlagen bodennah. Die mir vorliegenden Statistiken, auch Daten, die von der IEC bereitgestellt wurden, ließen den Schluss auf eine umfangreiche alternative Haltung von Legehennen in Argentinien allerdings nicht zu. Mit der Zertifizierungsstelle in Österreich gab es in den Anfängen den Versuch einer Zusammenarbeit, die allerdings aus den unterschiedlichen Vorstellungen einer umfassenden Herkunftssicherung nicht zustande kam.

Im weiteren Verlauf habe ich die EU-Kommission über den Sachverhalt informiert, verbunden mit der Fragestellung: Wie kann es sein, dass das Eipulver, hergestellt aus Bodenhaltungseiern, preiswerter in Europa angeboten werden kann als in den in der EU ansässigen Produktionsbetrieben? Das erschien auch der EU-Kommission nicht schlüssig, sodass eine Delegation beauftragt wurde, dem Sachverhalt vor Ort nachzugehen. Was daraus geworden ist, entzieht sich meiner Kenntnis. Immerhin wurde erreicht, über das Vorgehen von Vermarktern nachzudenken.

Legehennenbetriebe konnte ich auch im Nachbarland Brasilien aufsuchen. Anlässlich einer Geflügelveranstaltung in Rio de Janeiro, zu der auch deutsche Vertreter eingeladen waren, stellte der brasilianische Verbandsvertreter neue Konzepte für die Eier- und Geflügelproduktion vor. Brasilen ist mit Abstand der weltgrößte Exporteur von Geflügelfleisch und beabsichtigte, das auch für den Eiersektor, insbesondere Eiprodukte, umzusetzen. Die Produktionsbedingungen der tierischen Veredelung sind aufgrund des Klimas und der Versorgung von pflanzlichem Eiweiß in Form von Soja weitaus günstiger als in der EU. Zur Sicherstellung der Futtergrundlage müssen keine Importe erfolgen. Erfahrungswerte lassen auf einen Produktionskostenvorteil von mindestens 25% schließen.

Alternative Tierhaltungsformen gibt es nicht, sondern ausschließlich Käfighaltung. Die genauere Betrachtung der Haltungsbedingungen hätte allerdings für Tierschützer eine echte Herausforderung bedeutet, extrem kleine und überbesetzte Käfige. Die verbotenen Anlagen in der EU wären dagegen vergleichsweise komfortabel gewesen. Ich hatte damals auch Gelegenheit, das KAT-System und unsere Vorstellung von Legehennen zu erläutern. Danach wurde mir jedoch ein weiterer Zugang zu den dortigen Legebetrieben untersagt. Immerhin durfte ich Erfahrungen sammeln, wie es in anderen Ländern der Welt zugeht.

Besuche und Präsentationen über Legehennenhaltung gab es viele, so auch in den USA. Hier spielt vor allem die Zubereitung von Vollei für die großen Fast-Food-Ketten eine große Rolle. Ich durfte die Betriebe besichtigen. Der Standard ist sehr hoch, wenngleich die Produktionsmethoden nicht vergleichbar sind. Die Betriebe haben völlig andere Dimensionen und können damit auch kostengünstiger produzieren. Es gibt mittlerweile mehr und mehr Bio- und Bodenhaltung sowie eine kontinuierliche Umstellung auf größere Käfige nach dem Vorbild der EU. Die Haltungen werden gern als alternative Systeme bezeichnet, es bleiben aber Käfighaltungen. Immerhin ist die konventionelle Käfighaltung bereits in vielen US-Bundesstaaten, wie z.B. Kalifornien, untersagt.

Die Mitgliedschaft in den internationalen Verbänden ermöglichte weitere Kontakte zu Partnern weltweit. Dazu zählten auch Länder wie Russland, Ukraine, Südafrika, Australien China, um nur einige zu nennen.

Der Besuch von Betrieben in Russland, im Großraum Moskau und Sankt Petersburg zählte dazu. Die alternative Tierhaltung spielt in diesen Ländern zwar kaum eine Rolle, doch gibt es bereits Ansätze für den Absatz von Eiern aus solcher Haltungsform. Mir lag zum einen daran, dass sich große westliche Handelsunternehmen etablieren konnten, zum anderen aber auch der Wohlstand, der dazu führte, etwas Besonderes einkaufen zu können. Eier aus Bio-, Boden- oder Freilandhaltung gehörten dazu. Dennoch ist die Käfighaltung dominant und entspricht nicht dem Standard der EU-Vorgaben. Viele alte Käfiganlagen wurden in Länder außerhalb der Gemeinschaft exportiert und sind Bestandteil der dortigen Eierproduktion.

Ein gutes Beispiel hierfür sind die Produktionsstätten in der Ukraine. Namhafte deutsche Stalleinrichtungsunternehmen haben dort sehr viel investiert und aus unserer Sicht sehr große Produktionsstätten aufgebaut. Dagegen ist nichts einzuwenden, eine kostengünstige Produktion von Lebensmitteln hat eine andere Priorität als hierzulande. Ich habe solche Anlagen besichtigen können und war durchaus von den Hygiene- und Qualitätsanforderungen beeindruckt. Das passt nicht zum Gedanken Tierschutz, ist aber der dortigen Sichtweise geschuldet.

Der Warenverkehr zwischen diesen Ländern und den EU-Mitgliedsstaaten stellt allerdings das eigentliche Problem dar. Die Eier werden vor allem an die Eiprodukten- Industrie zur Weiterverarbeitung geliefert. Spekulationen lassen darauf schließen, dass nach wie vor sehr viel Ware darüber vermarktet wird, denn die preislichen Gegebenheiten spielen im internationalen Handel eine nicht zu unterschätzende Rolle. Das steht kaum im Einklang mit den Vorgaben des KAT-Systems, aus diesem Grunde sollte die Eiproduktenindustrie einbezogen werden. Umso wichtiger war, dass entsprechende Maßnahmen und Kontrollen zur Herkunftssicherung stattfinden.

China ist weltgrößter Produzent von Eiern. Aber auch dort gibt es inzwischen Bio- Haltung und auch Eier aus alternativen

Systemen. Ich kann mich sehr gut daran erinnern, morgens zum Frühstück in einem Hotel Bioeier serviert bekommen zu haben. Das war eine schöne Erfahrung. Am nächsten Tag stand eine Besichtigung von einem großen Legehennen-Haltungsbetrieb statt, der seine finanzielle Grundlage auch aus Mitteln europäischer Initiativen begründete. Das Ergebnis zeigte leider, dass weder Hühner noch Stallanlagen begutachtet werden konnten. Begleitet wurde der Besuch mit der damaligen Kontrollstelle OVO-Cert, Niederlassung China, die mit der Durchführung der Audits beauftragt werden sollte. Womöglich erklärt sich hieraus die zurückhaltende Bereitschaft der chinesischen Geflügelhalter, zu kooperieren. Inwieweit das Projekt mit finanziellen Mitteln weiter unterstützt worden ist, entzieht sich meiner Kenntnis.

Infragestellung KAT

All das hatte Folgen. Im Laufe der Jahre stellten sich weitere Herausforderungen und die Lösung von Problemen, die aber auch dem hohen Bekanntheitsgrad und der Marktdurchsetzung des Rückverfolgungssystems für Eier geschuldet waren. Die Begeisterung hielt sich bei einigen Marktbeteiligungen trotzdem in Grenzen. Ständige Kontrollen, Beanstandungen und die Gefahr von Auslistungen, verbunden mit Geldstrafen oder anderen Maßnahmen, förderten nicht gerade die Beliebtheit. Deshalb liegt der Verdacht nahe, dass bestimmte Kreise bewusst Beanstandungen und Fragen zum Kontrollsystem auch medial infrage gestellt haben. So kam es immer wieder zu kritischen Anfragen der Presse, auch seitens der Behörden und Tierschutzorganisationen. Mit Letzteren gab es zwar eine halbwegs gute Zusammenarbeit, da die gleichen Ziele und Inhalte verfolgt wurden. Im Vordergrund stand für mich, offen miteinander umzugehen und den Sachverhalt nicht zu verfälschen. Aber auch das kam bei einigen großen Machern in der Eierbranche nicht besonders gut an. Man versuchte, national und auf europäischer Ebene der Lobbyverbände Druck aufzubauen. Hierfür gibt es zahlreiche Beispiele, die im Folgenden kurz aufgeführt werden.

Falsche Deklaration von Eiern:
Hierzu gab es eine Anfrage einer großen Tageszeitung in Berlin, unter dem Titel „billiges Stallei teuer verkauft". Die Vorwürfe richteten sich gegen eine Packstelle, der eine falsche Deklaration von Eiern im Lebensmittelhandel unterstellt wurde. KAT konnte allerdings anhand der Kontrollberichte und Datenbankaufzeichnungen eindeutig belegen, dass die Vorwürfe nicht haltbar waren. Zur Sicherheit wurden weitere unangemeldete administrative (Belegprüfungen im Betrieb) Kontrollen durchgeführt. Ergebnis war, dass der Beitrag im Fernsehen nicht gesendet wurde, da sich die Vorwürfe als nicht haltbar erwiesen. Die Vorwürfe konnten durch die Darlegung von Fakten und umfassenden Erläuterungen seitens KAT vollständig entkräftet werden.

Im Jahr 2013 häuften sich in der Medienberichterstattung Meldungen über einen erhöhten Hennenbesatz. Hintergrund waren Ermittlungen der Oldenburgischen Staatsanwaltschaft gegen in rund 150 niedersächsischen Eierfarmen. Tatsächlich erwiesen sich die Vorwürfe als berechtigt. Viele Legehennen-Halter hatten die gesetzlichen Vorgaben nicht eingehalten. Damals war es üblich, dass es Zugaben von bis zu 3% gab. Verluste, die während der Aufzucht und bis zum Beginn der Legeperiode normal sind, sollten damit ausgeglichen werden. Bis zu diesem Zeitpunkt wurde das als übliche Praxis von allen Seiten akzeptiert.

Nach strenger Auslegung der gesetzlichen Vorgaben ist das nicht vertretbar, und es ergaben sich massive Probleme, verbunden mit dem Vorwurf, über erhöhte Besatzdichten einen Zusatznutzen zu erzielen. Tatsächlich stellte sich heraus, dass Lieferpapiere zum Teil gefälscht wurden und sich 20% und mehr Tiere in den Ställen als erlaubt befanden. Auch in anderen Ländern gab es Überbesatz in den Ställen. Beanstandet hat das niemand, und es wurde offenbar sogar von den Überwachungsbehörden toleriert. Konkrete Beweise gab es aber nicht.

Die deutsche Staatsanwaltschaft verhängte hohe Geldstrafen und sperrte Betriebe mit der Begründung der Vorteilsnahme und Verbrauchertäuschung. Die Vermarktungsnormen geben klare Vorgaben zum maximal möglichen Besatz, und 1 Huhn zu viel stellt einen Verstoß dar.

Nicht nur in Niedersachsen, sondern auch in anderen Bundesländern, in den Niederlanden, Österreich sowie weiteren Mitgliedsländern der Europäischen Union, gab es ähnliche Vorfälle, die KAT als zuständiges Kontrollorgan zur Last gelegt wurden. Der Vorwurf, man habe das bewusst hingenommen und akzeptiert, erwies sich allerdings als unbegründet. KAT hatte zu der Zeit zwar die Bestandsgrößen bei der Zulassung und in der Datenbank statistisch erfasst, aber im Kontrollsystem ließen sich erhöhte Besatzdichten nicht nachweisen. Es folgten deshalb umfangreiche weitere Kontrollen bis hin zum Zählen der Eier nach dem Legen, um auf diese Weise erhöhte Besatzdichten nachzuweisen. Fakt ist: Es können nicht mehr Eier gelegt werden, als sich Hennen im Stall befinden. Es ein sehr aufwendiges Prozedere in Form von Sonderkontrollen zur Begründung des Sachverhalts und der Wahrheitsfindung. Aber es hat sich gelohnt, im Ergebnis erwiesen sich die Anschuldigungen als unbegründet, es gab keine Abweichungen und schuldhaftes Vorgehen, dafür aber sehr viel Unruhe und Vorwürfe gegenüber der Geschäftsstelle.

Ursache war zudem auch ein Mangel der Datenerfassung. Seitens der Geschäftsstelle bzw. dem Geschäftsführer wurde immer wieder gefordert, die Warenmeldungen der Betriebe nicht mengenbasiert, sondern chargenbezogen vorzunehmen. Entsprechende Konzepte mit Datenbankbetreiben lagen vor und sollten zur Abstimmung gebracht werden. Dagegen haben sich Mitglieder und Vorstand leider vehement gewehrt. Die chargenbezogene Erfassung hätte viele kritische Fragen und Krisen verhindert.

Die Umsetzung hätte zwar einen Mehraufwand erfordert, dieser wurde seitens der Betriebe als nicht gerechtfertigt und zu teuer angesehen. Insbesondere große Eierpackstellen versuchten das zu verhindern, während kleinere Betriebe mit einem überschaubaren Abnehmerkreis dazu durchaus in der Lage gewesen wären. Sie hätten am Ende davon profitiert. Zur Umstellung auf eine chargenbezogene Rückverfolgung kam es leider nicht.

Außerdem forderte die Geschäftsführung seit Langem, auch die Futtermittelindustrie stärker einzubeziehen, als das bisher der Fall war. Gemeldet werden sollten vor allem die Futtermengen an die Betriebe, um so herauszufinden, wie viel Futter tatsächlich verbraucht wurde. Dafür gibt es fundierte und abgesicherte Parameter, was eine Legehenne pro Tag an Futter verbraucht. Es wäre sehr leicht gewesen, den Verbrauch den gelegten Eiern gegenüberzustellen und auf Plausibilität zu prüfen. Die Mischfutterhersteller argumentierten mit fadenscheinigen Argumenten, dass die Lieferbeziehungen nicht nachvollziehbar seien, Datenschutz, verschiedene Lieferanten und andere Ausreden. Rechnungen wurden allerdings gestellt, und es wäre möglich gewesen, eine nachvollziehbare Mengenkontrolle zu erreichen. Aber auch das war eindeutig nicht gewollt, denn es hätte zu viel Transparenz bedeutet. Der Skandal der Überbelegung hätte immerhin leicht vermieden werden können. Es wäre gar nicht so weit gekommen.

Nicht nur die Legehennen-Halter mussten Strafen hinnehmen, sondern auch die Lieferanten von Legeküken und Junghennen. Denn hier war der Ursprung. Häufig wurden Lieferpapiere großzügig gehalten bzw. zwei Dokumente ausgestellt. Das hatte massive Konsequenzen, und die Struktur der Eierwirtschaft hat sich seither geändert.

Zu der Zeit häuften sich die Vorfälle und Kritiken. Meldungen über falsch deklarierte Eier signalisierten einen neuen Betrugsfall. Dieses Mal war der bislang eher unbescholtene Biobereich betroffen. Von einem Riesenbetrug mit Bioeiern war in der Medienberichterstattung die Rede, und man warnte vor einem weiteren Vordringen der Agrarindustrie in die Biobranche. Vor allem Hinweise über Öffnungsklauseln der Ökoverordnung, die teilweise sogar auf einem Standort eine konventionelle und ökologische Haltung möglich machte, ließ Kritik aufkommen. Zum Glück erwiesen sich die Behauptungen eines angeblichen Etikettenschwindels als nicht gerechtfertigt. Es gab zwar Verstöße gegen Bestimmungen der Gesetzgebung, aber bei Weitem nicht in dem Maße, wie das von den Medien dargestellt wurde. KAT stand ebenfalls in der Kritik. Allerdings sind vorrangig die Bioverbände als Systemgeber verantwortlich, deshalb konnten die Vorwürfe nicht erhärtet werden. Es gab weder Strafanzeigen noch Beweise dafür, dass KAT gegen Regeln verstoßen hatte. Damit lag erneut der Verdacht nahe, dass bestimmte Kreise versucht hatten, erneut Unruhe zu stiften. Über Medien wurden angebliche Beanstandungen gegen das Kontrollsystem verbreitet, vor allem gegen die Geschäftsführung.

Ein Jahr später, 2014, nach dem Umzug der Geschäftsstelle in die neuen Räumlichkeiten, entstand ein weiteres Problem. Das Fernsehen war wieder einmal aktiv und positionierte sich mit Kameras vor der Geschäftsstelle, um erneut Berichterstattung gegen KAT zu betreiben. Was war der Vorwurf? Falsche Printnummern auf Eiern und bewusste Verbrauchertäuschung mit der Kennzeichnung von Legehennenbetrieben, die es gar nicht mehr gab. Sogar die zuständigen Behörden in den Bundesländern erhoben Beschwerde und richteten massive Vorwürfe gegen KAT. Es waren spannende Zeiten, und das Problem musste möglichst schnell gelöst werden, um weiteren Schaden zu vermeiden. Eine renommierte Anwaltskanzlei wurde mit der Klärung und Abwicklung beauftragt und erstellte ein umfangreiches Papier, dass das Vorgehen gegen KAT als nicht gerechtfertigt sei und in keinerlei Schuldzuweisung gründete. Tatsächlich gab es zu der Zeit noch Printnummern, die allerdings nur statistisch hinterlegt waren. KAT hatte bereits Jahre vor der EU-Entscheidung zur obligatorischen Eierkennzeichnung alle teilnehmenden Betriebe erfasst und den Haltungsformen zugeordnet. Die

Eier mussten gekennzeichnet werden, und der einzige Unterschied bestand darin, dass das jeweilige Land nicht mit dem nationalen Ländercode, sondern mit einer Nummer versehen war. Diese wurde auf bzw. in den Verpackungen erläutert. Hintergrund war, dass sich vor allem die Niederlande gegen eine Länderkennung mit NL gewährt hätten, da sie einen Absatzrückgang befürchteten, was sich aber als völlig unbegründet erwies. Die alten Nummern wurden nicht verwendet, das war ohnehin nicht zulässig.

Es folgte ein Gerichtsverfahren beim Berliner Landgericht. In der dritten Instanz verlor schließlich der Medienberichterstatter und musste die Prozesskosten übernehmen. Wichtig war, dass die zu diesem Zeitpunkt umfänglichen Falschdarstellungen im Internet umgehend gelöscht werden mussten. Deshalb ist zu den Vorfällen im Internet heute nichts mehr auffindbar. KAT konnte in keiner Weise Fehlverhalten nachgewiesen werden, sodass auch hier der Verdacht nahelag, dass bestimmte Kreise bewusst Falschmeldungen in Verkehr gebracht hatten, um den Verein bzw. insbesondere der Geschäftsführung Schaden zuzufügen. Das ist glücklicherweise mit den Fake-News nicht gelungen.

Die Richtigstellung und das für mich erfolgreiche Gerichtsurteil wurden vom Vorstand interessanterweise lediglich zur Kenntnis genommen und nicht weiter thematisiert. Spätestens ab diesem Zeitpunkt konnte ich daraus die Rückschlüsse ziehen, dass die willkürlichen Behauptungen und Vorwürfe eindeutig aus den eigenen Reihen kommen mussten. Beweise dafür gab es leider nicht. Das Desinteresse an der für KAT erfolgreiche Urteilsfindung lässt jedoch Rückschlüsse zu.

Schon viele Monate zuvor häuften sich Beschwerden und Anschuldigungen, die sich im Nachhinein als unbegründet erwiesen. Man wollte mich als „Unruhestifter und Tierschutzbefürworter" und meine neuen Ideen nicht mehr und versuchte, systematischen Druck aufzubauen. Es folgten zahlreiche Gespräche mit den Vorsitzenden anderer Verbände, die gedanklich in die gleiche Richtung gingen bzw. von bestimmten Akteuren im Hintergrund dazu motiviert wurden.

Das sind nur einige Beispiele, mit der die Geschäftsführung zu kämpfen hatte. Was war dafür der eigentliche Hintergrund? KAT hatte mittlerweile eine erhebliche Marktbedeutung erlangt. Ca. 95% der in Deutschland in Verkehr gebrachten Eier werden über das Kontrollsystem überwacht. Das steht für Kompetenz und Marktmacht, was nicht auf Zustimmung stieß, vor allem die nach wie vor konkurrierenden Verbände fühlten sich in ihrer ursprünglich vorherrschenden Bedeutung zunehmend geschwächt. Es konnte nicht sein, dass die Eierbranche von einer Geschäftsstelle in diesem Umfang in die Pflicht genommen wurde.

Neue Vorgaben und Ideen

Im Interesse des Tierwohls, aber auch der Verbraucher konnten viele Dinge auf den Weg gebracht werden. Das war das Verbot der Käfighaltung, das Verbot des Stutzens der Schnäbel und die Idee, künftig auf das Töten männlicher Küken zu verzichten. Das waren Vorgaben, für die es bereits eine rechtliche Grundlage gab, sie wurden in der Praxis jedoch nicht umgesetzt. Es gab in den Verordnungstexten und gesetzlichen Vorgaben hinreichend Lücken, Optionen für eine Fortführung der gängigen Vorgehensweise zu finden.

Die Käfighaltung stand schon immer in der massiven Kritik der Tierschützer und der Nichtregierungsorganisationen (NGOs), vornehmlich der Verbraucherschützer. Auch innerhalb der Eierverbände gab es sehr unterschiedliche Positionen. Der Verband des Groß- und Außenhandels (ZVE) mit Eiern vertrat seinerzeit auch die Interessen der Käfighaltung. Für viele Hühnerhalter war es der einzig richtige und vernünftige Weg für eine gewinnbringende und nachhaltige Eierproduktion. Das ist aus Hygieneaspekten richtig und nachvollziehbar, aber aus Tierschutzgründen verwerflich.

Im Januar 2010 war es schließlich soweit. Die konventionelle Käfighaltung wurde verboten, zugelassen waren seitdem allein noch Hennen in sogenannten ausgestalteten Käfigen, die mit einer Scharrfläche, Sitzstangen und einem Nest ausgestattet wurden. Außerdem war der Platz in den Käfigen nur geringfügig größer. Im vermeindlichen Einklang mit dem Tierschutz entwickelte sich zu dieser Zeit die sogenannte Kleingruppenhaltung, die noch mehr Platz und angeblichen Komfort für die Legehennen vermitteln sollte. Die Vorgaben der ausgestalteten Käfige gelten für eine bestimmte Übergangszeit bis 2025 und in Härtefällen bis 2028 auch für alle übrigen Länder der Europäischen Union. Danach ist auch diese Haltung verboten. Es war letztendlich der Grundstein für die Weiterentwicklung alternativer Systeme, und zwar neben Bio auf die Freiland- und Bodenhaltung.

Auch der Lebensmittelhandel forderte das Verbot, obwohl bei einigen Unternehmen Bedenken hinsichtlich möglicher Versorgungslücken aufkamen. Diese wurden maßgeblich von der Verbands- und Eierlobby geschürt. Es galt, das bevorstehende Verbot mit allen Mitteln zu verhindern. Auch die europäische Vereinigung EUWEP baute Druck auf. Die meisten der Mitglieder hatten ohnehin wenig Interesse an einer Umstellung. Den Vorsitz für den Bereich Eier hatte seinerzeit ein großer Anbieter von Käfigeiern mit Sitz in Norddeutschland. Das damalige Management unternahm alles, mich mit fadenscheinigen Argumenten und massiven Drohungen zu beeinflussen.

Vorausgegangen war eine Vielzahl von Sitzungen. Das zuständige Bundesministerium hatte, wie es vor gesetzlichen Anpassungen üblich ist, beteiligte Verbände der Eierlobby, des Lebensmitteleinzelhandels, Produzenten, Vermarkter, Tierschutz und weitere NGOs zu Konsultationen eingeladen, um das Prozedere zu besprechen. Die Argumente der Branchenvertreter liefen ins Leere, denn viele Unternehmen hatten zu diesem Zeitpunkt schon auf eine Umstellung in Richtung Boden- und Freilandhaltung gesetzt, da der Markt und Verbraucher bereits reagierten.

Wer hätte das für möglich gehalten? Kritiker sprachen von einem Worst Case für Betriebe in Deutschland und anderen Ländern. Der Selbstversorgungsgrad sollte auf unter 50 % sinken und stattdessen mehr Eier aus dem Ausland geliefert werden. Das Aus der deutschen Legehennen-Haltung stand bevor. Nichts von dem hat sich bewahrheitet. Im Gegenteil, statt geringerer Produktion gab es Zuwachsraten, und der Verbrauch stieg sogar wieder. Alles in allem eine sehr positive Entwicklung, die dem Markt und den Geflügelhaltern zugutekam.

Für mich Bekenner des Verbots von Käfigen standen schwierige Zeiten an, vor allem für das KAT-System. Bedeutende Strategen der Eierwirtschaft versuchten mit allen Mitteln, die von Stalleinrichtungsunternehmen entwickelte, sogenannte Kleingruppenhaltung [32] in das Kontrollsystem KAT zu integrieren. Dabei gab es Lösungsansätze, die diese Haltungsform ermöglicht hätten, und zwar als eigenständiges System der damaligen Gütegemeinschaft Eier, GGE [33], die ein funktionierendes Kontrollkonzept analog KAT aufgebaut hatte und ebenfalls unter meiner Regie stand. Das wurde vehement abgelehnt und damit eine große Chance vertan, denn auch der Lebensmittelhandel hätte das akzeptiert. Diese Starrköpfigkeit der Verantwortlichen hat den betroffenen Unternehmen sehr große Umsatzverluste gebracht.

Das führte schließlich zu massiven Auseinandersetzungen mit bedeutenden Vertretern von Eierproduzenten und Vermarktern und einem Zerschlagen des KAT-Systems, wenn die

---

32 https://de.wikipedia.org/wiki/Geflügelproduktion
33 https://www.wer-zu-wem.de/handelsmarken/eier-herkunft.html

Kleingruppenhaltung nicht als zusätzliche Haltung aufgenommen wird. Man war tatsächlich der Auffassung, dass es sich ebenfalls um eine alternative Legehennen-Haltung handelt. Das stand im krassen Widerspruch zu allen Vorgaben der NGOs und auch dem Lebensmitteleinzelhandel. Manager der Eierwirtschaft und deren Verbände waren sich nicht bewusst, dass der Markt nicht ausschließlich von Anbietern bestimmt wird, sondern am Ende vom Verbraucher. Das ist leider auch heute noch der Fall und betrifft weite Teile der Agrarwirtschaft. Damit entstanden weitere Krisensituationen und Herausforderungen.

WPSA-Siegel gegen KAT

Unter der Federführung der angesehenen World Poultry Science Association (WPSA) [34] sollte ein Alternativsystem für die Kennzeichnung von Eiern aus alternativen und konventionellen Haltungen als Gegenpol zu KAT etabliert werden. Den Beteiligten bzw. Initiatoren der Kampagne ging es nicht nur darum, etwas neu aufzubauen, sondern auch alte und unbequeme Strukturen zu eliminieren. Unter dem Deckmantel wissenschaftlich fundierter Vorgaben war das eine strategisch gut durchdachte Vorgehensweise. Die Deutsche Vereinigung für Geflügelwissenschaften e. V. stand als Basis für ein neues Kontrollsystem, das die Kleingruppenhaltung als Alternative zu den anderen Haltungsformen befürwortete, sich mit den Vorgaben von KAT allerdings nicht vereinbaren ließ. Es wurde daraufhin ein eigenständiges Siegel entwickelt, das für Marktbeteiligte, aber insbesondere auch für den Lebensmitteleinzelhandel und Verbraucher einen äußerst seriösen Eindruck vermitteln sollte.

34 https://www.wpsa.de

Es gab zahlreiche Sondierungsgespräche mit den wissenschaftlichen Vertretern der WPSA, um Lösungen zu finden. Eine Zusammenarbeit wäre auch für KAT richtungsweisend gewesen, um wissenschaftlich fundierte Erkenntnisse im Bereich der Legehennen-Haltung zu implementieren, um diese mit neuen Erkenntnissen weiter zu entwickeln. Tatsächlich hätte man die Kleingruppenhaltung als Option mit dem WPSA-Siegel als eigenständige Auslobung integrieren können. Es blieb jedoch die Forderung, dass auch Eier aus anderen Haltungsformen einbezogen werden. Letztendlich ist das gescheitert und damit auch die Chance, die Kleingruppenhaltung am Markt zu etablieren.

Heute hat diese Haltungsform keine Bedeutung mehr. Eier, die in diesem Haltungssystem erzeugt werden, sind am deutschen Markt nicht absetzbar. Auch außerhalb Deutschlands, findet sich keine Akzeptanz, da die Produktionskosten im Vergleich zu den noch zugelassenen, ausgestalteten Käfigen zu hoch sind. Eigentlich schade, denn für den Bereich der Eiproduktenindustrie wäre das ein zukunftsorientierter Maßstab gewesen.

Die Deutsche Frühstücksei GmbH [35], ehemals die größte Legebatteriebetreiberin Deutschlands, gehörte zu den eigentlichen Initiatoren des WPSA-Siegels, das den Titel „Tiergerechte Haltungsform" trug, und zwar auch für Eier aus der sogenannten Kleingruppenhaltung. Das Unternehmen musste sich daraufhin gerichtlich verdeutlichen lassen, dass das Siegel eine irreführende Werbung mit Selbstverständlichkeiten darstellte und deshalb als unrechtmäßig eingestuft wurde. Die WPSA nahm Änderungen am Siegel vor und lobte es mit „Tiergerechte Haltungsform gemäß deutschem Tierschutzrecht" aus. Damit sollte klargestellt werden, dass die Kleingruppen-Käfige deutlich über die Normen der neuen EU-zugelassenen, ausgestalteten Käfighaltungen hinausgehen.

35 https://de.wikipedia.org/wiki/Deutsche_Frühstücksei

Das war ein klarer Angriff gegen das KAT-System. Denn problematisch wäre es, wenn das Siegel auch für Eier aus alternativen Haltungsformen verwendet werden sollte, was aus Sicht vieler NGOs den Tatbestand einer Verbrauchertäuschung dargestellt hat. Käfighaltung entspricht nicht dem Zeitgeist und ist nicht vermittelbar.

Darauf aufmerksam wurde auch die Wettbewerbszentrale [36] als größte und zugleich einflussreichste bundesweit und grenzüberschreitend tätige Selbstkontrollinstitution zur Durchsetzung des Rechts gegen den unlauteren Wettbewerb. Sie stellt im Interesse der Wirtschaft auch die Einhaltung der Verbraucherschutzbestimmungen sicher.

Quelle: KAT, 2015

36 https://www.wettbewerbszentrale.de/de/home/

Quelle: WPSA, Deutsche Vereinigung für Geflügelwissenschaft e.V., 2010

Gegen die Verwendung des Siegels wurde Klage erhoben. Der Versuch, die Verwendung des Siegels für Eier aus Kleingruppenhaltung gänzlich zu verbieten, ist nach einem Urteil des Oberlandesgerichtes Oldenburg [37] glücklicherweise gescheitert. Das Oldenburger Urteil gibt allerdings Anlass zu einer klarstellenden Ergänzung des Siegel-Logos, das jetzt ausdrücklich auf das über EU-Tierschutznormen deutlich hinausgehende deutsche Tierschutzrecht verweist.

Eine Eierverpackung, die mit dem Siegel „tiergerechte Haltungsform" und dem Hinweis „tiergerechte Kleingruppenhaltung" bedruckt ist, stellt eine wettbewerbswidrige Werbung mit Selbstverständlichkeiten dar, da sie dem Verbraucher fälschlicherweise suggeriert, die ausgelobte Haltungsform sei etwas Besonderes.

Die Beklagte wurde 2009 verurteilt und für jeden Fall der Zuwiderhandlung ein Ordnungsgeld in Höhe von bis zu 250.000,00

---

37 http://www.rechtsprechung.niedersachsen.de/jportal/?quelle=jlink&docid=KORE221102010&psml=bsndprod.psml&max=true

EUR, ersatzweise Ordnungshaft, oder Ordnungshaft zu vollstrecken an den Vertretungsberechtigten der persönlich haftenden Gesellschaft, zu unterlassen, im Wettbewerb handelnd, für Eier aus Kleingruppenhaltung mit dem im Tenor wiedergegebenen Siegel zu werben und/oder werben zu lassen.

Bundeskartellamt rüffelt KAT

Das neue WPSA-Siegel konnte aus meiner damaligen Sichtweise nicht auf Eierpackungen, die mit KAT-Logo für Eier aus Boden-, Freiland- oder Biohaltung ausgelobt waren, verwendet werden. Deshalb wurde die Vorgehensweise als bedenklich eingestuft und eine gleichzeitige Verwendung weiterer Siegel untersagt. Damit bin ich jedoch aus Sicht des Kartellrechts zu weit gegangen. KAT hatte zu der Zeit bereits eine marktbedeutende Stellung. Über 95 % der Eier im Lebensmitteleinzelhandel wurden über KAT kontrolliert und ausgelobt.

Die WPSA, im Hintergrund gesteuert über maßgebliche Akteure der Branche, hat daraufhin beim Bundeskartellamt Anzeige erstattet, und KAT wurde aufgefordert, diese Praxis einzustellen und seine Mitglieder entsprechend zu unterrichten.

Die juristische Entscheidung im Streit der Eier-Siegel: Marktführer KAT droht wegen der Diskriminierung des WPSA-Siegels ein Kartellverfahren. Doch auch das WPSA-Siegel musste nach einem Urteil des OLG Oldenburg geändert werden.

Die Verhandlung vor dem Bundeskartellamt in Bonn blieb nicht ohne Konsequenzen. Die bisherige Vorgehensweise, Auslobungen und Logos für andere Zeichengeber konsequent abzulehnen, wurde bemängelt und als wettbewerbsschädlich dargestellt. Unter bestimmten Bedingungen sollten ab sofort auch andere Hinweise und Auslobungen auf den Eierpackungen möglich sein, sofern der Tatbestand einer Verbrauchertäuschung durch Falschaussagen nicht gegeben ist. Des Weiteren mußte auch das Zulassungsverfahren von Zertifizierungsstellen geändert werden. Bisher hatte KAT das Alleinstellungsmerkmal, dass vor allem die Unabhängigkeit zwischen Auftraggeber (Eiervermarkter) und Auftragnehmer (Kontrollstelle) auf eine neutrale und unabhängige Plattform gestellt wurde. Dieses Vorgehen war aus Sicht der Kartellbehörde ebenfalls zu beanstanden, und die Betriebe bekamen erstmals unter KAT die Option, die jeweiligen Kontrollstellen frei auszuwählen. Diese Anpassung sollte sich leider für das System negativ auswirken, denn die Qualität hatte dadurch eindeutig gelitten. Besonders strengen und motivierten Zertifizierungsstellen fiel es schwer, ab diesem Zeitpunkt Kontrollaufträge zu bekommen.

Das Siegel der WPSA konnte sich am Markt nicht durchsetzen. Die Kleingruppenhaltung fand beim Handel und Verbraucher keine Akzeptanz. Sie wurde mit der Käfighaltung gleichgesetzt. Die optimistische Einschätzung fiel den Marktgegebenheiten zum Opfer. Schließlich hat auch die Vereinigung der Geflügelwissenschaften ihre Aktivitäten eingestellt.

Bekenntnis zu einem unverfälschten Wettbewerb

Das Urteil des Bundeskartellamts hatte auch positive Auswirkungen auf die weitere Geschäftsabwicklung. KAT bekannte sich zu einem freien und unverfälschten Wettbewerb und lehnte jede kartellrechtswidrige Verfälschung des Wettbewerbs durch Unternehmen oder Unternehmensvereinigungen ab. Die Vereinsarbeit des KAT ist daher auf strikte Vereinbarkeit mit dem deutschen und europäischen Kartellrecht ausgerichtet.

Zu diesem Zweck wurde ein Compliance-Leitfaden erstellt, der über die wichtigsten Regeln des Kartellrechts informiert und klare Verhaltensanforderungen erstellt. Die Compliance-Regeln richteten sich an KAT-Organe, Mitarbeiter und Mitglieder.

Es wurde auf der Ebene der Geschäftsführung die Funktion des Compliance-Beauftragten geschaffen, der Mitarbeiter und Mitgliedern bei allen kartellrechtlichen Fragen, die die Vereinsarbeit betreffen, als Ansprechpartner zur Verfügung stand. Das war fortschrittlich und hatte Vorbildcharakter für andere Verbände und Organisationen.

Erstes Tierschutzsiegel für Eier

2008 entwickelte KAT gemeinsam mit dem Deutschen Tierschutzbund (DTB) [38] und weiteren Tierschutz-Organisationen das neue Siegel „Tierschutz geprüft". Die Kriterien sollten eine besonders tiergerechte Haltung für Legehennen in Boden- und Freilandhaltung gewährleisten. Zu den weitergehenden Anforderungen als in den EU-Vermarktungsnormen und den KAT-Vorgaben zählten neben einer geringeren Besatzdichte in den Ställen und eine maximale Gruppengröße auch besondere Lichtverhältnisse. Ausschließlich Legebetriebe mit Freiland- und Bodenhaltung, die Teil des Qualitätssicherungssystems KAT waren und die zusätzlichen Tierschutzanforderungen erfüllten, durften das Siegel verwenden. Die Anforderungen gingen seinerzeit sogar über den EU-Standard des ökologischen Landbaus hinaus.

Vor einigen Jahren wurde das Siegel auf den Deutschen Tierschutzbund übertragen. Die anderen teilnehmenden Tierschutzorganisationen haben dem zugestimmt, da sich diese ohnehin kaum im Bereich der Eierproduktion engagierten. Die sehr strengen Vorgaben bestehen auch heute noch, allerdings mit

38 https://www.tierschutzbund.de

der Ausnahme, dass die Bestandsgrößen deutlich ausgeweitet wurden. Grund hierfür war, den Betrieben die Möglichkeit zu geben, mit größeren Produktionsmengen den Lebensmitteleinzelhandel beliefern zu können.

Regionale Aktivitäten

Regional etablierten sich weitere Siegel für Eier. Das waren in erster Linie Initiativen von Geflügelwirtschaftsverbänden, aber auch Initiativen von Erzeugerzusammenschlüssen. Teilweise gab es auch eine Zusammenarbeit mit dem Kontrollsystem KAT. Diese Auslobungen waren zwar regional von Bedeutung, darüber hinaus allerdings nicht, sodass sich kein Konkurrenzsystem etablieren konnte. Im Gegenteil, in Verbindung mit der datenbankgestützten Herkunftssicherung und Rückverfolgung ließen sich Synergien erzielen.

NGOs und Tierwohl

Nichtregierungsorganisationen, NGOs, sind im herkömmlichen deutschen Sprachgebrauch Verbände oder Vereine, die dem zivilgesellschaftlichen „Dritten Sektor“ zugeordnet sind. Dazu zählt man mittlerweile Organisationen, die eine formale Struktur aufweisen, organisatorisch unabhängig vom Staat sind, nicht gewinnorientiert arbeiten, eine eigenständige Verwaltung haben, keine Zwangsverbände sind und zumindest anteilsweise über freiwilliges Engagement und Spenden getragen werden[39].

39 https://de.wikipedia.org/wiki/Nichtregierungsorganisation

Seitens der Verbände wurden zu diesen Organisationen ebenfalls Kontakte aufgebaut. Dazu zählen der Bundesverband Verbraucherzentrale Berlin [40] und die jeweiligen Zentralen der Länder, was insbesondere für KAT von großer Bedeutung war. Es galt, die Interessen der Verbraucher zu berücksichtigen, was insbesondere mit der Einzeleikennzeichnung als herausragendes Element gelang. Das stieß auf positive Zustimmung, im Weiteren auch die Initiativen in Bezug auf das Verbot der Käfighaltung, des Verbots der Schnabelbehandlung und zuletzt die embryonale Früherkennung bzw. das Verbot des Tötens männlicher Küken. Insoweit gab es eine durchaus enge und vor allem konstruktive Zusammenarbeit. In zahlreichen Gesprächen konnten somit Ideen und Gedanken eingebracht werden, die die Interessen der Verbraucher berücksichtigten.

Zurückhaltung gab es seitens des Vorstands und der Mitglieder gegenüber kritischen Organisationen wie Foodwatch [41], PETA [42] und anderen. Ungeachtet dessen habe ich immer versucht, das Gespräch zu finden und Bündnisse aufzubauen, was sich in Krisenfällen als positiv erwiesen hat.

Gute Kontakte bestanden auch zu Foodwatch, ein deutscher gemeinnütziger Verein, der sich mit den Rechten von Verbrauchern und der Qualität von Lebensmitteln auseinandersetzt. Der Verein wurde im Oktober 2002 in Berlin vom ehemaligen Geschäftsführer von Greenpeace gegründet. Privat war ich sogar Mitglied dieser Organisation, zum einen aus der Überzeugung, dass hier ein guter Weg in Richtung Verbraucherschutz und Verbraucherinteresse beschritten wird, zum anderen aber auch als Unterstützung meiner Aktivitäten in den jeweiligen Verbänden. Auf Ebene der Vorstände wurde das kritisch gesehen. Auch heute besteht Unterstützung in Form der privaten Mitgliedschaft.

---

40 https://de.wikipedia.org/wiki/Verbraucherzentrale

41 https://www.foodwatch.org/de/startseite/

42 https://www.peta.de

Vier Pfoten (Österreich)

Das Vier-Pfoten-Gütesiegel [43] (Tierschutz kontrolliert) kennzeichnet Produkte von Tieren, die unter besseren Bedingungen leben als in der konventionellen Haltung. Dafür steht ein transparentes, vierstufiges Modell, das ersichtlich macht, unter welchen Bedingungen die Tiere gelebt haben. Das Siegel ist insbesondere in Österreich etabliert. Auch in Deutschland wird Geflügelfleisch unter der Kontrolle von „Vier Pfoten" vermarktet.

Compassion in World Farming

Compassion in World Farming, CWF [44], mit Sitz im Vereinigten Königreich ist eine weltweit agierende Organisation im Bereich Tierwohl. Sie arbeitet mit führenden Lebensmittelunternehmen (Lebensmitteleinzelhändlern, Herstellern und Lebensmittel-Service-Betrieben) zusammen, die den größten Einfluss und die Fähigkeit haben, Veränderungen im Interesse des Tierschutzes zu bewirken.

Anlässlich diverser Veranstaltungen der Organisation bot sich im Rahmen von Vorträgen eine breite Schicht von Tierschützern, Produzenten anderer Bereiche der tierischen und pflanzlichen Produktion sowie Handels- und Behördenvertreter aus vielen Ländern über KAT zu informieren. Insofern bestanden gute Kontakte, und mich hat vor allem beeindruckt, wie gut die Organisation mit Behörden und Institutionen auch mit den Abteilungen in Brüssel vernetzt war. Viele Initiativen und Aktivitäten konnten dadurch auf den Weg gebracht werden.

---

43 https://www.vier-pfoten.de
44 https://www.ciwf.org.uk

Albert Schweitzer Stiftung

Die Albert Schweitzer Stiftung [45] steht für die Nutzung von Tieren und Tierprodukten als Nahrungsmittel. Tiere für die Herstellung von Nahrungsmitteln sterben zu lassen, wird als nicht notwendig betrachtet. Deshalb unterstützt die Stiftung die vegane Ernährungsweise als ethisch beste Lösung. Dennoch ist man bemüht, die bestehenden Tierhaltungsbedingungen nachhaltig zu verbessern und nicht zu verbieten.

Eine Zusammenarbeit mit den Verbänden kam deshalb offiziell nicht in Betracht. Dennoch habe ich intern intensive Kontakte aufgebaut, und die Leitung der Stiftung hat mich wesentlich unterstützt, wofür ich heute noch außerordentlich dankbar bin. Es bestand ein freundschaftliches Verhältnis.

Vor allem im Bereich der Eierproduktion gab es immer wieder Probleme und Beanstandungen. Die gesetzlichen Vorgaben und vor allem auch die des KAT-Systems wurden nicht eingehalten. Die Stiftung verfügte aber über Instrumente, die Vergehen an die Öffentlichkeit brachten, was für mich als Geschäftsführer einer Kontrolleinrichtung inakzeptabel war. Ich habe deshalb nicht den Weg der Konfrontation gesucht, sondern den der Zusammenarbeit, was sich als außerordentlich zielführend erwies. Es gab viele Abstimmungsgespräche, und nachgewiesene Beanstandungen hatten für die Unternehmen klare Konsequenzen, die bis hin zur Sperrung führten.

---

45 https://albert-schweitzer-stiftung.de

LWL-Initiative

LWL steht für Livestock Welfare Labelling. Eine Idee, die ich ins Leben gerufen habe, mit der ich offiziell keineswegs in Verbindung gebracht werden durfte. Initiatoren waren außerdem Vertreter des Tierschutzes, juristischer Beistand, der Lebensmittelhandel, Eierproduzenten und Vermarkter. Erstmals wurden Vorgaben zur Bewertung von Standards erarbeitet. Labels gab und gibt es viele, doch was steckt dahinter? Die Initiative hat eine Vielzahl von Bewertungen vorgenommen, nicht nur für den Bereich Eier, sondern auch für Geflügelfleisch und Kaninchen. Das war für mich ein besonderes Anliegen, nachdem die Qualitätsgemeinschaft Kaninchen nicht fortgeführt worden ist, aber trotzdem Kaninchenfleisch mit der Aussage „aus Bodenhaltung" zu Preisen auf den Markt gelangte, die nur in Käfigproduktionsbetrieben kostendeckend möglich waren. Es gab etwas zu tun, und mit der Bewertung nach den Vorgaben von LWL wäre das zum Erliegen gekommen.

Leider konnte sich die LWL-Initiative nicht am Markt etablieren. Es scheiterte an den zur Verfügung stehenden Mitteln, aber auch daran, dass sich ein öffentlicher Auftritt schwierig gestaltete. Das eigentliche Problem bestand in meiner parallelen Arbeit als Geschäftsführer der Verbände. Man hätte sehr viel bewirken können, denn der Lebensmittelhandel, Verbraucher und Medien zeigten bereits großes Interesse an den Ergebnissen einer solchen Bewertung.

Nach meinem Ausscheiden habe ich die Initiative über meine eigene Firma, der CD Consulting gUG [46], wiederbelebt und auf Basis der seinerzeit im Aufbau befindlichen Vorgaben, komplett neu strukturiert und entsprechend den aktuellen Gegebenheiten und gesetzlichen Anforderungen grundlegend überarbeitet. Daraus sind wissenschaftlich basierte Daten entstanden, die sich für weitere Initiativen als hilfreich erwiesen. Neben der Bewertung

46 https://www.cvdc.de

von Standards für Eier und Geflügel kamen weitere Bereiche wie die Schweinehaltung und Kaninchen hinzu.

Medien

Richtungsweisend für alle Verbände, insbesondere aber den Verein für kontrollierte alternative Tierhaltungsformen, steht die immer wieder sowohl kritische als auch kontroverse Auseinandersetzung mit den Medien. Deshalb soll an dieser Stelle nochmals direkt auf die Kommunikationsspezifika zwischen Fernsehen, Radio und den Printmedien verwiesen werden.

Klassischerweise beschäftigen sich Medien und auch das Marketing mit den Beziehungen zwischen Erzeugern, Vermarktern und Abnehmern, wie dem Lebensmitteleinzelhandel und den Verbrauchern mit Erzeugnissen tierischer und pflanzlicher Lebensmittel. Jeder Einzelne kann dieses innerhalb der kommunikativen Aktivitäten täglich in den verschiedenen Medien, TV, Radio, Zeitschriften, dem vielfältigen Angebot an Internetplattformen oder am Point of Sale (POS) nachvollziehen.

Immer dann, wenn es Probleme und Krisen gab, erfolgte parallel eine intensive Auseinandersetzung mit und in den jeweiligen Medien. Aus meiner Sicht stand zwar eine objektive Darstellung der Gegebenheiten fast immer im Vordergrund, die jedoch leider im Interesse einer möglichst starken Verbreitung, hohe Auflagen bzw. Einschaltquoten häufig missverstanden wurde. Das erwies sich oftmals als äußerst schwierig in der Ausgestaltung der Kommunikation mit Journalisten, die oftmals als Freelancer auf Honorarbasis erfolgsorientiert ermitteln und recherchieren. Dennoch habe ich immer wieder versucht, die Dinge im Einklang des friedlichen Miteinanders im Interesse der Verbraucher zu vermitteln. Allzu oft wurden jedoch meine Tätigkeit und ich als Person als Buhmann dargestellt.

Dafür einige Beispiele:
Etikettenschwindel und damit kriminelle Machenschaften zu unterstellen, gehörte seit jeher zu einem beliebten Thema. „Live aus dem Schlachthof“ war eine meiner ersten Erfahrungen mit dem Bayerischen Rundfunk in München. Das war Anfang der Neunzigerjahre. Es ging um falsch deklarierte Eier. Als Experte stand ich im Fokus, denn der Verdacht richtete sich gegen Mitgliedsbetriebe. Über Abrollspuren auf den Eiern anhand einer neuen Methode sollte dies mit ultraviolettem Licht nachgewiesen werden. Die kritische Auseinandersetzung führte jedoch dazu, dass KAT sich dieses Themas annahm, um gemeinsam mit damaligen Akteuren aus dem Bereich Tierschutz die Analysemethode erfolgreich auf den Weg zu bringen. Das Ergebnis der kritischen und kontroversen Diskussionsrunde verlief durchaus positiv, und dafür bin ich dem Rundfunk heute noch dankbar.

Im Lauf der Jahre gab es zahlreiche Auftritte in Rundfunk, Fernsehen, Presse und Fachpresse. Im Vordergrund standen immer wieder Rückstände in Eiern, falsche Etikettierungen und Vergehen gegen Tierschutz-Anforderungen. Auch das war durchaus positiv für die Weiterentwicklung des Kontrollsystems. Viele der Kritikpunkte waren berechtigt, und ich habe versucht, Lösungen zu finden, die das verhindern sollten. Es wurden zum Beispiel in den Ställen Webcams installiert, um herauszufinden, wie sich die Betreuung der Tiere gestaltet.

Geflügel- und Wildfleisch standen, obwohl auch zu meinem Aufgabenbereich gehörend, interessanterweise weniger im Fokus. Dafür aber die Legehennen-Haltung und die Vermarktung von Eiern in praktisch allen Sendern mit den entsprechenden Reportagen, z. B. in Plusminus, Report Mainz, frontal 21, FAKT, Focus, Spiegel, TAZ und vielen anderen Medien. Es ging nicht nur um Tierschutz, Etikettenschwindel, Besatzdichte, sondern auch um Dioxine, die angeblich zu einer massiven Gefährdung der Gesundheit beim Verzehr von Eiern zur Folge haben sollten. All das wurde von der Geschäftsstelle zwar als sachlich unbegründet dargestellt, dennoch mangelte es in der

Berichterstattung an Objektivität und Fachwissen, sodass KAT für Fehlverhalten verantwortlich stand.

Es folgten zahlreiche Interview vor laufender Kamera, die sich zum Teil über Stunden erstreckten, am Ende aber nur kurze Statements mit negativen statt positiven Aussagen wiedergaben.

Ich habe die Presse gern zu Betriebsbesichtigungen eingeladen, um zu zeigen, wie eine ordentliche Legehennen-Haltung funktioniert. Allzu oft habe ich den Wortlaut gehört: „Haben Sie nichts Schlimmeres für uns, Tierquälerei oder sonst was? Das Gute interessiert uns nicht, es bringt keine Einschaltquoten." Letztendlich hat das mit dazu beigetragen, dass eine weitere Kommunikation von meiner Seite aus nicht verfolgt wurde.

Krisen gehörten zum Tagesgeschäft. Immer wieder standen zahlreiche Pressevertreter und Kamerateams vor der Tür der Geschäftsstelle und versuchten, Interviews zu erreichen. Überwiegend habe ich das aufgrund der schlechten Erfahrungen abgelehnt, denn es mangelte leider allzu oft an einer objektiven Berichterstattung.

Dennoch, nicht alles ist schlecht, es gibt auch sehr viel Positives zu berichten, und häufig hat die Berichterstattung dazu geführt, dass Systeme nachgebessert wurden und Missstände ausgeräumt werden konnten. Insofern spielte Öffentlichkeitsarbeit eine außerordentlich große Rolle, und es gab immer wieder umfangreiche Pressemitteilungen, um auf Neuerungen, Verbesserungen und Änderungen der Systeme hinzuweisen. Die Frankfurter Allgemeine Sonntagszeitung (F.A.S) berichtete z. B. 2015 über die Kennzeichnung von Eiern in dem Artikel „Aber bitte mit Schale, außen hart und innen weich und natürlich Bio" sehr positiv über KAT und meine Arbeit. Immerhin bekam ich den Titel der grauen Eminenz der Eier-Branche in ganz Europa verliehen, worauf ich noch heute stolz bin.

Verbot der Schnabelbehandlung

Die Tierschutzverbände hatten hierzu seit Langem eine klare Position. Niemand darf einem Tier ohne vernünftigen Grund Schmerzen, Leiden oder Schäden zufügen. Eingriffe an Tieren, insbesondere durch vollständiges oder teilweises Amputieren von Körperteilen (Kupieren) oder vollständiges oder teilweises Entnehmen oder Zerstören von Organen oder Geweben bei Wirbeltieren zählen dazu. Das Ende dieses jahrzehntelangen Vorgehens wurde damit endgültig besiegelt. Das ist der Stand heute, und er ist auch der Initiative der damaligen Bemühungen der Geschäftsführung, dass dem ein Ende gesetzt wird, zu verdanken.

Was ist vorausgegangen? 2014 erfolgte der Beschluss der Agrarministerkonferenz, den Ausstieg bei Legehennen bis Ende 2016 vorzunehmen. Der Grundstein wurde damit gelegt. Einige Bundesländer, Niedersachsen und Mecklenburg-Vorpommern, hatten sich schon für ein früheres Datum ausgesprochen. Ich habe seinerzeit die Mitglieder in einem Rundschreiben darüber informiert, dass der Eingriff künftig nicht mehr erlaubt sein wird. Es handelte sich zwar zunächst nur um eine regionale Vorgabe, da für KAT aber der Grundsatz gleiches Recht und gleiche Vorgaben für alle gilt, sollte das Verbot ab sofort für alle Neueinstellungen von Junghennen gelten.

In Österreich wurde das Schnabelkürzen bereits seit 2005 umgesetzt und nur noch in Ausnahmefällen praktiziert. Im ökologischen Bereich war die Schabelbehandling ohnehin verboten. Mein Vorstoß einer sofortigen Umsetzung stieß erwartungsgemäß auf massive Kritik, insbesondere aus den Niederlanden. Zum einen es ist nicht umsetzbar und zum anderen viel zu teuer. Ich hatte mal wieder meine Kompetenz ohne Absprache mit Vorstand und Mitgliedern überschritten. Tatsächlich gab es im Vorfeld eine Abstimmung, und ich sollte sogar die Mitglieder in Kenntnis setzen.

Eine Fortführung der Geschäftsführung wurde als nicht mehr tragbar dargestellt, und es drohte die Kündigung. So deutlich wurde das in dieser Form bisher nicht zum Ausdruck gebracht, auch nicht, als das Verbot der Käfighaltung von der Geschäftsstelle unterstützt und vorangetrieben wurde. Seinerzeit konnte der Lebensmitteleinzelhandel noch starken Einfluss nehmen. Auch seitens des Tierschutzes erhielt ich Unterstützung für mein Vorgehen.

Die neuen Vorgaben wurden jedoch schneller als gedacht umgesetzt, insbesondere in den Niederlanden, die sich zunächst dagegen gewehrt hatten. Schnell hat man die sich daraus ergebenden Vorteile bei der Vermarktung erkannt – und um sich gegenüber der deutschen Konkurrenz abzugrenzen. Viele Handelsunternehmen erklärten sich dafür, Waren von Legehennen, deren Schnäbel gestutzt wurden, aus den Verkaufsregalen zu verbannen und nicht mehr zu listen. Der Druck der Tierschützer und Verbraucher wurde zu groß. Vor allem die niederländischen Mitbewerber reagierten schnell auf die neue Situation. Wieder einmal zeigte sich wie schon in der Vergangenheit beim Verbot der Käfighaltung, dass eine Neuorientierung von strategischen Nutzen ist.

Das Verbot setzte sich auch in den deutschen Betrieben vor dem eigentlichen Inkrafttreten 2017 durch. Außerdem erfolgten sowohl seitens der Kontrollorganisationen als auch seitens des Lebensmittelhandels zusätzliche Überwachungsmaßnahmen. Heute gehört dies der Vergangenheit an, jedenfalls gibt es keine belastbaren Informationen, dass in KAT-Betrieben noch eine Schnabelbehandlung erfolgt. In der Käfighaltung war das ohnehin nie ein Problem, sondern ausschließlich in Betrieben mit Boden- und Freilandhühnern. Deshalb gab es von dieser Seite her keine Kritik an dem Verbot.

Verbot des Tötens männlicher Küken

Schon Anfang 2010 gab es Diskussionen und Gespräche über ein mögliches Verbot des Tötens männlicher Küken nach dem Schlupf. Die Universität Leipzig hatte sich mit diesem Thema intensiv auseinandergesetzt und nach Lösungen der embryonalen Früherkennung im angebrüteten Ei gesucht. Dem wurden allerdings Steine in den Weg gelegt, denn maßgebliche Wirtschaftsbeteiligte, Brütereien und Vermehrungsbetriebe hatten kein Interesse daran und entwickelten konträre Strategien, das zu unterbinden. Der Hauptgrund bestand darin, hohe Kosten für die neue Methode zu vermeiden.

Ich habe das Thema seinerzeit intensiv begleitet und in Eigenregie im Hintergrund forciert. Seitens der Geflügelwirtschaft wurde das offiziell unterstützt, intern gab es jedoch wenig Interesse, das Vorgehen auch nur ansatzweise zu unterstützen, da sich die Produktionskosten aufgrund höherer Kükenpreise verteuert hätten. Man wollte die gesetzliche Grundlage dafür abwarten. Zudem sah man keine Grundlage, das Verbot des Kükentötens in das Kontrollsystem KAT einzubeziehen.

Das Verbot des Tötens männlicher Küken zu fordern und darüber Vorgaben zu erstellen, stellte meine Position als Geschäftsführer erneut auf die Probe. Der Vorwurf, dass dieses Vorgehen nicht meinen Aufgabenbereich betrifft und zuvor eine Abstimmung der Mitglieder stattzufinden hat, kam einer Abmahnung gleich. Es folgten aus in sozialen Netzwerken eine Vielzahl persönlicher Anfeindungen. So etwas hatte es zuvor noch nie gegeben, und dies lässt auf ein Niveau schließen, das die Branche nicht verdient hat. Ich wäre schließlich als Kontrollstelle ausführendes Organ der Geflügellobby. Der Vorstand sah das ähnlich, sobald Vertreter des LEH und Tierschutzes nicht zugegen waren. Im Hintergrund gab es zahlreiche Aktivitäten auf der Suche nach Lösungen für eine Neubesetzung. Dank der breiten Aufstellung durch die Vielzahl anderer Verbände und Organisation hatte ich aber genügend Hintergrund, um die Vorwürfe und Anfeindungen zu ignorieren.

Allein in Deutschland werden jährlich 45 Millionen männliche Küken nach dem Schlupf getötet. Das ist ein klarer Verstoß gegen Paragraf 1 des Tierschutzgesetzes. Zweck des Gesetzes ist, das Tier als Mitgeschöpf zu betrachten, dessen Leben und Wohlbefinden zu schützen. Niemand darf einem Tier ohne vernünftigen Grund Schmerzen, Leiden oder Schäden zufügen. Das obligatorische Töten männlicher Küken nach dem Schlupf stellt damit einen offensichtlichen Verstoß dar. Das Bundesverwaltungsgericht hat in seinem Urteil das Töten der Küken als nicht mit dem Grundsatz des Tierschutzes vereinbar erklärt. Damit dürfen Brütereien ihre gewohnte Praxis nur noch für eine beschränkte Zeit ausüben. Das Ende dieses jahrzehntelangen Vorgehens ist damit endgültig besiegelt.

Das Bundesministerium für Ernährung und Landwirtschaft, Ministerin Julia Klöckner, hat deshalb an die Geflügelwirtschaft eine klare Zielvorgabe erstellt. Diese beinhaltet den schrittweisen Ausstieg aus der Tötung männlicher Küken bis Ende 2021. Es bleibt zu hoffen, dass das tatsächlich passiert, denn die Eierwirtschaft sucht nach wie vor nach Lösungen, andere Wege zu gehen. Letztendlich hat aber der Handel entschieden und setzt klare Positionen.

Rund 45 Millionen männliche Küken werden jedes Jahr allein in Deutschland kurz nach dem Schlüpfen erstickt und zu Tierfutter verarbeitet, weil sie für die Landwirtschaft nutzlos sind. Diese umstrittene Praxis soll von Ende des Jahres an nicht mehr erlaubt sein. Naturschützer werben unterdessen für das Konzept der „Zweitnutzungshühner“. Dabei legen die Hennen Eier, während die Hähne gemästet werden. Die Hähne setzen allerdings weniger Fleisch an als gewöhnliche Masthühner, weshalb bislang erst wenige Landwirte auf diese Weise arbeiten.

Über Möglichkeiten zur Umsetzung des Verbots des Tötens männlicher Küken habe ich bereits im Rahmen meines PHD-Studiums mit anderen Wissenschaftlern Gutachten [47] verfasst und die Varianten eines sofortigen Ausstieges dargestellt. Das hat sicherlich mit zur Anpassung des Tierschutzgesetzes beigetragen.

Weitere Organisationen

Anfang 2000 befanden sich die Märkte im Umbruch. Der Anteil von Käfigeiern dominierte in den meisten Ländern der EU. Bis zur Umstellung auf alternative Erzeugung sollte es noch einige Jahre dauern. Deshalb gab es seitens der Geschäftsstelle Bestrebungen, auch für diese Eier ein Herkunftssicherungs- und Rückverfolgungskonzept analog KAT aufzubauen. Die GIL mbH gründetet deshalb zwei weitere Unternehmen, die Qualitätsgemeinschaft Eier (QGE) für Käfighaltung und die Qualitätsgemeinschaft bunte Eier (QBE) für gekochte und gefärbte Eier.

47 https://www.bio-initiative.de/newpage911b5712

Organigramm der Geschäftsstelle 2000

Quelle: EPEGA, eigene Recherche

Qualitätsgemeinschaft Eier – QGE

Vor dem Hintergrund neuer gesetzlicher Regelungen überschwemmte seit Beginn 2000 eine Siegel- und Kennzeichnungsflut den Eier-Markt. Zu der Zeit wurde die Qualitätsgemeinschaft Eier ins Leben gerufen. Nach dem Vorbild des KAT- Systems sollten auch für Eier aus der Käfighaltung, die mit Übergangsfristen in der EU weiterhin zugelassen waren, ein Kontrollsystem etabliert werden. Es handelte sich um Eier aus Kleingruppenhaltung und ausgestalteten Käfigen. Beide unterschieden sich deutlich von den herkömmlichen Systemen, die nach wie vor außerhalb der EU verbreitet waren und den Standard für die

Eierproduktion darstellten. Diese waren mit zusätzlichem Equipment ausgestattet, Nestern, Sitzstangen und in den Kleingruppen auch Scharrflächen. Das führte zu deutlich höheren Produktionskosten als in den herkömmlichen Käfigen. Außerdem hatten nicht alle Länder innerhalb der Europäischen Union die Vorgaben der gesetzlichen Bestimmungen umgesetzt. Vor allem in den südlichen Ländern, aber auch in Osteuropa gab es nach wie vor Eier, die in den eigentlich verbotenen Systemen produziert wurden. Damit wurde zum einen dem Umstand Rechnung getragen, dass aufgrund der hohen Investitionskosten und baulichen Veränderungen kurzfristig eine Anpassung auf die neuen Systeme nicht möglich war. Zum anderen fehlten in vielen Betrieben die finanziellen Mittel. Viele Altlagen wurden zudem nach anderen Mitgliedsstaaten, Osteuropa und Drittländer exportiert. Das brachte für die Legehennen-Halter in der Umstellungsphase einen zusätzlichen Gewinn, führte aber parallel dazu, dass die Produktion von nicht mehr zugelassenen Käfigeiern stieg. Für die Eiproduktenindustrie boten sich preiswerte Angebote, zumal Eiprodukte keiner Kennzeichnung unterlagen. Aber auch für Färbebetriebe, die vor allem in Deutschland einen sehr hohen Marktanteil hatten, ergaben sich lukrative Möglichkeiten beim Zukauf von Käfigeiern. Nach dem Kochen und Färben war der bereits obligatorische Printcode nicht mehr erkennbar.

Der neuen Initiative schlossen sich viele Betriebe an. Im Rahmen von Kontrollen und der internetgestützten Datenbank konnten die Lieferbeziehungen transparent gestaltet werden. Nach anfänglichen Startschwierigkeiten konnte die QGE sich am Markt erfolgreich durchsetzen und gewann im Lebensmittelbereich an Bedeutung. Allerdings gestaltete sich die Umsetzung im Laufe der Jahre immer schwieriger. Im deutschen Lebensmittelhandel ging der Verkauf von Eiern, auch aus der zugelassenen Käfighaltung, zurück. Der Kreis der teilnehmenden Betriebe schrumpfte. Der Anteil von Käfigeiern ging in Deutschland auf deutlich unter 10% zurück. Die Eiproduktenindustrie zeigte kaum bzw. kein Interesse an der QGE. Letztendlich wurde die Qualitätsgemeinschaft Eier eingestellt.

Qualitätsgemeinschaft bunte Eier - QBE

Der Marktanteil von gefärbten und gekochten Eiern ist in Deutschland sehr hoch und dürfte zwischen 5-10% der Produktion betragen. Spezifische Vorgaben für das Kochen und Färben von Eiern gab es nicht, abgesehen vom allgemeinen Lebensmittelrecht und der Kennzeichnung. Deshalb wurde die Qualitätsgemeinschaft ins Leben gerufen. Die Anforderungen für das Kochen und Färben von Eiern umfassten konkrete Vorgaben für farbgebende Stoffe, das Ablauf- bzw. Mindesthaltbarkeitsdatum, die Herkunft der Eier, umfassende Hygieneanforderungen, insbesondere Temperaturführung für das Kochwasser, zeitliche Begrenzung, die Festlegung mikrobiologischer und sensorischer Parameter. Bisher stand das in der freien Gestaltung der jeweiligen Koch- und Färbebetriebe. Zur Umsetzung wurden Arbeitskreise benannt, die aufgrund der Fachkompetenz entsprechende Pflichtenhefte erarbeiteten. Darüber hinaus gab es wissenschaftliche Untersuchungen zur Bestimmung der Haltbarkeit und Analysewerte auf mögliche Rückstände durch den Färbeprozess. Ein wichtiges Element war letztendlich das Alter und die Herkunft der Eier. Denn die Kühlung von Eiern ab einer bestimmten Temperatur ließ eine Bestimmung des Alters nach herkömmlichen Methoden (Haugh-Units [48]) nicht mehr zu.

Theoretisch war es damit möglich, Eier, die im Sommer gelegt wurden, zu Ostern des Folgejahres als gefärbte Ware frisch zu vermarkten. Viele Betriebe verfügten über Kühlhäuser, um sich in Zeiten niedriger Preise ausreichend mit Ware eindecken zu können und um den Bedarf in nachfragestarken Zeiten zu Weihnachten und Ostern sicherzustellen. Da die Käfighaltung in Deutschland in der bisherigen Form nicht mehr erlaubt war, musste außerdem sichergestellt werden, dass die Eier tatsächlich aus den entsprechenden alternativen Haltungssystemen stammten. Die Eier hatten zwar eine Printnummer, die allerdings

48 https://www.broering.de/wp/haugh-units-de/

nach der Farbgebung nicht mehr erkennbar war. Das eröffnete Möglichkeiten, Eier aus Käfighaltung zu verwenden und diese widerrechtlich als gefärbte Boden- oder Freilandware höherpreisig zu vermarkten. Es handelte sich um eine sehr komplexe Aufbereitung der Systemvorgaben. Erstmals gab es damit klare Vorgaben für das Mindesthaltbarkeitsdatum und Restlaufzeiten. Für die Verbraucher ein wichtiger Schritt in Richtung Herkunftssicherung und vor allem Qualität.

Die Qualitätsgemeinschaft arbeitete eng mit dem Kontrollsystem KAT zusammen. Die Datenbank lieferte wichtige Informationen über die Herkunft der Eier, und es ließ sich somit ansatzweise eine Rückverfolgung sicherstellen. Die Koch- und Färbebetriebe wurden im Rahmen neutraler Kontrollen regelmäßig aufgesucht. Neben dem KAT-Standard war auch eine Teilnahme am IFS [49] und deren Zertifizierung obligatorisch.

Die Vorgaben für das Kochen und Färben von Eiern brachten Vertrauen in den Markt. Bedingt durch den ganzjährigen Verkauf, insbesondere aber vor den Weihnachtsfeiertagen und Ostern, war dies für die eierproduzierenden Betriebe ein wichtiges Standbein. Mit steigender Nachfrage und mehr Fachkompetenz wurden weitere Betriebe gegründet, und es entwickelte sich ein lebhafter Handel, auch mit Herkunft aus anderen Ländern, insbesondere aus den Niederlanden. Die Standards der Qualitätsgemeinschaft bunte Eier beinhalteten sowohl mikrobiologische als auch sensorische Vorgaben, die vor allem im Rahmen der Qualitätssicherung Beachtung fanden. Mit der Festlegung von Restlaufzeiten und des Mindesthaltbarkeitsdatums, das zuvor nicht eindeutig geregelt war, wurden weitere Akzente gesetzt. Neben Hygieneanforderungen kamen später Umweltfragen hinzu, denn durch den Färbeprozess gab es in der Abluft schädliche Emissionen, die über spezielle Filtersysteme eingeschränkt werden mussten.

49 https://www.ifs-certification.com/index.php/de/

Die Qualitätsgemeinschaft Bunte Eier (QBE) ging 2020 in die gemeinsame Geschäftsstelle der deutschen Geflügelwirtschaft (ZDG) in Berlin über und steht dort als starkes und verlässliches Qualitätssicherungssystem in der Wirtschaft und dem Lebensmitteleinzelhandel. Alle nach dem QBE-Leitfaden produzierten bunten Eier unterliegen zudem den Standards des Vereins für kontrollierte alternative Tierhaltungsformen (KAT). Für Verbraucher sind diese Standards am QBE-Logo auf jeder Verpackung bunter Eier zu erkennen. Die Einhaltung der Vorgaben steht im wieder im Verantwortungsbereich KAT.

Ich habe seinerzeit offenbar doch alles richtig gemacht und den Grundstein für diese Initiative im Interesse des Verbraucherschutzes gelegt.

European Trace Consortium – ETC

Die Idee bestand darin, für die Zulassung von Zertifizierungsstellen und Systemteilnehmern im Bereich der Gütegemeinschaften eine neutrale Plattform zu schaffen. Deshalb wurde von der GIL mbH das European Trace Consortium GmbH, ETC, gegründet. Die Vorgaben nach dem Urteil des Bundeskartellamts erforderten eine objektive und strategische Neuausrichtung der Kontrollvorgaben. Die ETC erstellte entsprechende Standards für die Zulassung von Kontrollstellen. Im weiteren Verlauf erstreckte sich diese Tätigkeit auch auf die Zulassung von Betrieben der Mischfuttermittelindustrie. Auch hier standen Neutralität und Unabhängigkeit im Vordergrund. Daraus entwickelte sich ein hochinteressantes Geschäftsfeld, das auch mit Einnahmen verbunden war, sodass die Gesellschaft Gewinne erzielte, zum Nutzen der gemeinsamen Geschäftsstelle.

Die Ausrichtung war europäisch geprägt, und damit konnten Vorgaben über das System KAT hinaus mit anderen Verbänden der Eierwirtschaft, der Mischfuttermittelindustrie, Kontrollinstitutionen und international ausgerichteten Verbänden wie Global GAP erarbeitet werden.

Es gab eine Kooperation als Teilgesellschafter der österreichischen Kontrollstelle für artgemäße Nutztierhaltung GmbH [50]. Ziel war, eine gemeinsame Plattform zur Umsetzung der Kontrollvorgaben im Bereich Eier und Mischfuttermittel zu finden. Weitere Gesellschafter waren der Wiener Tierschutzverein, die Vier Pfoten und der Verein gegen Tierfabriken. Schon damals gab es die geschützte Marke „Tierschutz geprüft“ mit strengen Richtlinien für die artgemäße Tierhaltung. Die Kontrollinstanzen erstreckten sich über den landwirtschaftlichen Betrieb, die Zwischenhändler und Logistikzentren bis in den Handel.

Die Prüfzeichen der Kontrollstelle wurden ausschließlich für Eier aus Freiland- und Bodenhaltung vergeben, bei denen die strengen Anforderungen lückenlos auf den Höfen (Produzentenkontrolle), bei den Packstellen (Warenflusskontrolle, hinsichtlich der Plausibilität der Anzahl der verkauften Eier pro Hof) und vom Handel (UV-Lampenkontrolle) überprüft werden. Das entsprach dem Gedanken KAT, und eine Zusammenarbeit mit der österreichischen Kontrollstelle erwies sich als sinnvoll.

Die Aktivitäten sind jedoch eingestellt. Die Interessenlagen waren auf Dauer zu unterschiedlich. Der in Österreich ansässige Tierschutzverein gegen Tierfabriken musste sich aufgrund seiner aggressiven Aktivitäten und zahlreicher anderer Vergehen verantworten, und es wurden Haftstrafen verhängt. Das passte nicht zum seriösen Erscheinungsbild der ETC, sodass der Gesellschaftervertrag aufgelöst wurde. Der Verein für artgerechte Nutztierhaltung existiert weiterhin und stellt sehr hohe Anforderungen für die Systemteilnahme, die auch über KAT hinausgehen.

---

50 https://www.kontrollstelle.at

Nach meinem Ausscheiden wurde die ETC liquidiert. KAT zeigte wenig Interesse an einer Fortführung der Zusammenarbeit, sodass für Teilbereiche die finanzielle Grundlage fehlte. Tendenziell haben hierfür bestimmte Lobbyinteressen eine Rolle gespielt.

OVO-Cert GmbH

Die Grundsicherung und Standards erfordern Kontrollen entlang der gesamten Prozesskette. Das war insbesondere für KAT von entscheidender Bedeutung. Im Vordergrund stand vor allem die unangemeldete Kontrolle, denn nur so kann sichergestellt werden, dass die Vorgaben auch tatsächlich eingehalten werden. Ein solches Instrument fehlte bisher im System KAT. Aus diesem Grunde stammte die Motivation zur Gründung eines eigenständigen Kontrollsystems. Die Idee war, eine zusätzliche Kontrolle zur Überwachung einzuführen. Der später unter dem Begriff Integrity dargestellte Kontrollmechanismus sollte auch für KAT Bestandteil werden.

Die Gründung der neuen Gesellschaft fand nach dem Ausstieg aus der Q&S GmbH statt. Ich wollte etwas Neues aufbauen, auch aus Enttäuschung über das damalige Scheitern bei der Gesellschaft. Einige Mitarbeiter der Q&S, die wenig Interesse zeigten sich in der neuen Konstellation unter dem Einfluß von Produzentenverbänden zu engagieren, standen bei der Suche nach neuen Herausforderungen erneut zur Verfügung. Das gab auch den Ausschlag, etwas Neues aufzubauen. Es war nicht einfach, die Verbände von dieser Idee zu überzeugen. Mein damaliger Vorsitzender hatte die entsprechende Weitsicht und unterstützte meine Initiative. Auch die Vorstände stimmten zu, und der Grundstein für die neue GmbH war gelegt. Gesellschafter der neuen Initiative war der Verband des Eier-, Wild- und Geflügel-Groß- und Außenhandels (EPEGA), dem ich als Geschäftsführer vorstand. Gleichzeitig war ich auch Teil des Vorstands und konnte damit, anders als normalerweise für Verbandsgeschäftsführer üblich, frei agieren. Ansonsten wäre ich auf dieses Wagnis nicht eingegangen, denn die Abhängigkeit von Entscheidungen auf Vorstandsebene, mit zu unterschiedlichen Interessen, hätte einen steinigen Weg bedeutet.

Für die OVO Cert wurde ein Geschäftsführer eingestellt, ein guter Bekannter aus früheren Zeiten, der in einer leitenden Position im Bereich eines weltweit tätigen Fast-Food-Unternehmens tätig war und nach dem Eintritt in den Ruhestand für neue Aufgaben bereitstand. Das war eine sehr gute Entscheidung, denn in Personalunion konnte eine solche Tätigkeit von mir nicht durchgeführt werden. Darauf waren Medien aufmerksam geworden, und sie stellten unangenehme Fragen, wie denn so etwas funktionieren könne. Auch hier dürfte im Hintergrund einiges an Aktivität gegen meine Person den Ausschlag gegeben haben. Ich hatte zu der Zeit schon viele „gute" Freunde, vor allem wegen der Auseinandersetzungen im Zusammenhang mit dem Verbot der Käfighaltung und der Kontroverse mit dem Auftritt der WPSA, dem neuen Logo gegen KAT. Ein Teil der Drohungen wurde damit wahrgemacht, und ich hatte in der Tat Erklärungsnöte, das in der Medienberichterstattung zu erklären.

Die größte Herausforderung war die notwendige Akkreditierung der Gesellschaft nach der europäischen Norm EN 45500 über die Deutsche Akkreditierungsstelle (DAkkS) [51]. Es mussten entsprechende Qualitätsmanagementhandbücher verfasst werden, um die komplette Struktur der neuen Gesellschaft in eine akkreditierungsfähige Form zu bringen. Das ist gelungen, und die Arbeit konnte beginnen. Zunächst sollten alle KAT-Betriebe einer unangemeldeten Kontrolle unterliegen. Das schaffte Vertrauen auf allen Ebenen, und es gab lediglich Widersprüche und

51 https://www.dakks.de

Bedenken bei den bereits beauftragten anderen Zertifizierungsstellen. Kurz nach der Aufnahme der Tätigkeit gab es die Geflügelpest, Aviäre Influenza (AI). Das hatte gravierende Konsequenzen. Millionen von Legehennen fielen der Tierseuche zum Opfer, nicht nur in Deutschland, sondern vor allem auch in den Niederlanden. Zur Vermeidung weiterer Verschleppungen durften die Betriebe nicht mehr aufgesucht werden. Damit hatten die neu eingestellten Auditoren der OVO-Cert GmbH keine Tätigkeit mehr. Vorrübergehende Entlassungen und Kurzarbeit waren die Konsequenz. Aber auch diese Herausforderung wurde überstanden, und die Gesellschaft entwickelte sich. Ein neu eingestellter Geschäftsführer übernahm die weitere Betreuung der GmbH, und es konnten Einnahmen, die auch dem Gesellschafterkreis des Verbands EPEGA zugutekamen, erwirtschaftet werden.

Die Geschäftsfelder sollten sich nicht nur auf die Zertifizierung von Betrieben im Bereich KAT beschränken, sondern auch auf weitere Unternehmensbereiche. Dazu zählten unter anderem die Qualitätsgemeinschaften unter dem Dach der EPEGA, bunte Eier, Kaninchen, Wildfleisch und Eier aus Käfighaltung. Weitere Initiativen begründeten sich in der Zusammenarbeit mit anderen Zertifizierungsstellen, um einen höheren Stellenwert am Markt zu erlangen. Darüber hinaus wurde die Gesellschaft für den IFS-Standard zugelassen. Damit öffneten sich für die Gesellschaft neue Herausforderungen, und die Auftragslage konnte durch neue Geschäftsfelder erweitert werden. Es gab wieder eine zukunftsorientierte Perspektive.

Die Gesellschaft wurde im Bereich der Institutionen akzeptiert, und es gab entsprechende Aufträge, vor allem durch KAT, denn es galt, die Kontrolle der Kontrolle konsequent umzusetzen. Auch das war zum Leidwesen vieler Betriebe von Erfolg gekrönt. In bestimmten benachbarten Ländern sah man die Umsetzung der Vorgaben lockerer und hatte mehr die Interessen der dort ansässigen Produzenten bzw. Bauern im Fokus. Es gab zahlreiche Beanstandungen, die sogar zu gerichtlichen Aus-einandersetzungen führten.

Ein Beispiel: Seinerzeit habe ich immer wieder diverse Betriebe aufgesucht, um festzustellen: Werden die Vorgaben eingehalten, ja oder nein? Ich kann mich sehr gut an ein Unternehmen in den Niederlanden erinnern. Der Legehennenstall war abgeschlossen, und niemand war zugegen. Der Besuch erfolgte unangemeldet. Als wir dennoch Zugang bekamen, fanden wir zahlreiche Mitarbeiter mit Migrationshintergrund vor, die illegal beschäftigt waren. Deshalb die verschlossenen Türen. Es handelte sich um einen Hühnerbetrieb mit Freilandhaltung. Tatsächlich waren die Auslauföffnungen mit Leitern über die Dachluken bzw. Dachfenster zugänglich. Es ist kaum zu glauben, um den Auslauf zu erreichen, mussten die Tiere über eine lange und sehr steile Hühnerleiter klettern. Somit war auch kein einziges Tier auf der Freilandfläche zu sehen. Die gesetzlich vorgeschriebene Auslauffläche von 4 qm stand aber zur Verfügung. Die eigenwillige und unzulässige Konstruktion hatte Konsequenzen. Der Betrieb wurde umgehend für Freilandhaltung gesperrt, und die Eier konnten nur noch als Bodenhaltungsware verkauft werden. Gegen diese Vorgabe erging Einspruch und Klage auf Schadenersatz in fünfstelliger Höhe. Das erwies sich zum Glück als nicht erfolgreich, und der Betrieb blieb für die Freilandhaltung weiterhin gesperrt. Das ist ein Beispiel dafür, dass Kontrollen und vor allem unangemeldete Kontrollen von eminenter Bedeutung sind.

Eine ähnliche Situation gab es in Italien. Bei einer ebenfalls unangemeldeten Kontrolle, an einem Wochenende, außerhalb der normalen Geschäftszeiten, mussten wir feststellen, dass gekennzeichnete und nicht gekennzeichnete Rohware aus verschiedenen Legebetrieben ohne den obligatorischen Printcode und räumliche Trennung nebeneinander gestapelt waren. Das widerspricht den Vorgaben und stellte einen schwerwiegenden Verstoß dar und führte zu einer sofortigen Sperrung für den Verkauf von KAT-Ware. Die Lieferung von Eiern auf den deutschen Markt war damit nicht mehr möglich. Es handelte sich nicht um einen kleinen Anbieter, sondern um einen der größten in Europa. Das konsequente Vorgehen des KAT hat jedoch

Anerkennung und Vertrauen in das System gebracht. Beanstandungen gab es seither nicht mehr.

Auch Produzenten in Frankreich, Spanien und in osteuropäischen Ländern zeigten Interesse an einer Mitgliedschaft in KAT. Zur Sicherstellung der Vorgaben wurden weitere Auditoren eingestellt. Gute Kenntnisse der jeweiligen Landessprache waren erforderlich, um die Landwirte entsprechend über die Vorgaben zu informieren. Englisch war in großen Unternehmen mit internationaler Ausrichtung kein Problem, bei den meisten Legehennen-Haltern erwies sich das als schwierig.

Die damaligen Mitarbeiter der OVO Cert leisteten sehr gute Arbeit und trugen maßgeblich dazu bei, dass Standards eingehalten wurden und beim Handel und Verbraucher die gleiche Akzeptanz erhielten wie aus deutscher Produktion. Ein großer Erfolg der europäischen Verbundenheit, der auch den damaligen Auditoren zu verdanken ist.

Allerdings gab es auch Widerstand. Einige Betriebe suchten weiterhin „Schlupflöcher" und Wege, das zu umgehen. Ich bekam sehr konkrete Hinweise, verbunden mit dem „Wunsch auf ein langes Leben". Wenn man sich in gewissen Kreisen auskennt, ist das kein freundschaftliches Vorgehen, sondern als ernsthafte Warnung zu betrachten. Glücklicherweise ist nichts passiert, und die kritischen Betriebe wurden gesperrt, nicht weil Drohungen erfolgten, sondern die Vorgaben bewusst nicht eingehalten wurden.

Die OVO Cert GmbH konnte sich als anerkannte Kontrollstelle in der EU etablieren. Die Idee war, eine Kontrolle der Kontrolle auf unabhängiger Basis durchzuführen. Das sollte die Arbeit der zugelassenen Zertifizierungsstellen keineswegs infrage stellen, sondern nur eine zusätzliche Absicherung umfassen, und sicherzustellen, dass die Umsetzung der Vorgaben tatsächlich zu 100% erfolgte.

Der Marktanteil im Lebensmittelhandel konnte mittlerweile mit einem Anteil von über 95% aufwarten. Ca. 50% der Eier stammen aus benachbarten Ländern der EU, insbesondere aus den Niederlanden. Die Kontrollen mussten damit auch von anderen zugelassenen Zertifizierungsstellen durchgeführt werden. Auch das stellte sich als eine Herausforderung dar. Die Zusammenarbeit und gegenseitige Anerkennung von Vorgaben sollten das Ziel sein. Leider stellte sich im Laufe der Zeit heraus, dass landespezifische Interpretationen das nicht erfüllten.

Dazu ein Beispiel:
In Italien wurden Sitzstangen, die in der Legehennen-Haltung vorgeschrieben sind, anders als in den Bestimmungen der EU und KAT interpretiert, zwar nur sprachlich, aber offensichtlich wissentlich anders ausgelegt, was erheblich weniger Aufwand und Kosten verursachte. Damit gab es Beanstandungen, und die Betriebe waren die Betroffenen, es erfolgten Sperrungen und Strafen.

Auch in anderen Ländern gab es vergleichbare Probleme. Die Zertifizierungsstellen führten Kontrollen und Zulassung der Betriebe nach den landesspezifischen Vorgaben durch. Das entsprach nicht den Vorgaben von KAT und dem Kontrollauftrag. Es musste eine Lösung gefunden werden, die sich über OVO Cert im Rahmen von Verifizierungsaudits als sehr erfolgreich erwies.

Der wirtschaftliche Erfolg für OVO Cert GmbH blieb aus, sodass über eine neue Struktur nachgedacht werden musste. Die Gründe bestanden im Management, der Mitarbeiterstruktur, aber auch in der mangelnden Auftragslage. Die Akkreditierung nach dem Standard EN 45011 brachte nicht den gewünschten Erfolg.

Die Lösung bestand in der Kooperation mit anderen Zertifizierungsstellen, die zum einen die IFS-Zulassung hatten und zum anderen die Vorgaben der Ökokontrolle. Die Verhandlungen führten zu keinem Ergebnis, sodass der Gesellschaft schließlich die Liquidation blieb. Die Mitarbeiter wurden von KAT übernommen und Bestandteil des Systems.

Die OVO Cert GmbH wurde später liquidiert. Die Auditoren konnten allerdings von KAT übernommen werden. Das bereits zitierte Urteil des Bundeskartellamts gab den Ausschlag. Zuvor basierten die Bestimmungen des KAT-Systems darauf, dass die Betriebe im Interesse der Produktsicherheit und Sicherstellung der Neutralität keine eigenständige Zertifizierungsstelle für die vorgeschriebenen KAT-Kontrollen beauftragen durften. Das oblag ausschließlich KAT, stand aber ausdrücklich im Widerspruch zum Urteil des Bundeskartellamtes. KAT musste diese Bestimmung aus den Leitfäden streichen. Ein großer Rückschlag der Qualitätsansprüche, denn der Hintergrund dieser Vorgehensweise bestand darin, Interessenskonflikte zwischen Auftragnehmer und Auftraggeber zu vermeiden. Die Lösung bestand darin, die Verifizierung und Kontrolle der Kontrolle über eigene Auditoren umzusetzen. Damit erwiese sich die Übernahme der hochqualifizierten Auditoren von OVO Cert als Glücksfall. Die Mitgliedsbetriebe konnten frei über die Kontrollstellen entscheiden, es erfolgte im Anschluss ein unangemeldetes weiteres Audit durch KAT.

Die Revolution

Die anfänglichen Aktivitäten der Geschäftsführung haben den Verein KAT maßgeblich geprägt, und ich konnte über lange Zeit frei agieren. Das änderte sich, als KAT Bedeutung erlangte, und seitdem begann der Versuch, mehr und mehr Einfluss zu nehmen, insbesondere zu Beginn 2010. Zuvor führten Unternehmer mit Weitblick den Vorstand. Danach begann eine neue Ära. Der Vorsitz wechselte und damit die Interessenslage, die zunehmend unter dem Einfluss der Produktionsseite stand. KAT verlor für mich an Konsequenz in der Umsetzung und Durchsetzung von Vorgaben. Schließlich ging der Vorsitz sogar in die Hände nierderländischer Anbieter, die aufgrund vorausgegangener Probleme das Engagement der Geschäftsführung kritisch betrachteten. Damit begannen schwierige Zeiten.

Die Fortführung der Geschäftsführung gestaltete sich zunehmend komplizierter. Anstehende Entscheidungen wurden gezielt durch Szenarien und endlose Diskussionen verzögert. Weitergehende Vorgaben für mehr Tierwohl und Rückverfolgung standen nicht im Interesse der Eierwirtschaft. Der Grund war einfach: Mehr Kontrolle und mehr Tierschutz bedeuteten Einschränkungen bei der Vermarktung. Es gab damals wie heute enge Kontakte zwischen den Beteiligten und einen regen Warenverkehr von West nach Nord und Süd. Eine chargenbezogene Rückverfolgung hätte das beeinflusst oder gar verhindert.

Der Vorstand wollte in Eigenregie handeln und Entscheidungen ausschließlich selbst treffen. Der damalige Vorstandsvorsitzende erarbeitete entsprechende Anweisungen für die jeweiligen Vorstandsmitglieder, und es wurden Arbeitsgruppen für die Bereiche Kontrolle, Futtermittel, Legebetriebe, Leitfäden, EDV, Verwaltung, Buchhaltung und Controlling gegründet. Bis dato oblag das der Geschäftsführung, die zwar ebenfalls im Rahmen von Arbeitskreisen und Fachbeiräten Abstimmung suchte, aber die Entscheidungen traf, was auch richtig war. Glaubwürdigkeit und Neutralität kann nicht von Entscheidungsträgern, die ebenfalls vermarkten und damit unmittelbar im Konkurrenzfeld gegenüber anderen Marktteilnehmern stehen, vermittelt werden. Zudem bestand der Verdacht, Einblick in den äußerst sensiblen Bereich der Warenbewegungen zu bekommen. Zum Glück kam es nicht soweit.

Die Geschäftsführung existierte de facto nur noch auf dem Papier. Es gab keine Arbeit mehr, allerdings verbunden mit dem Vorteil, andere Themen in Angriff zu nehmen.

2014 war ein besonderes Jahr. Die ordentliche Mitgliederversammlung des Vereins stand bevor, mit der sich alles neu gestalten sollte. Aufgrund neuer Fälle von Geflügelpest musste diese abgesagt und auf Anfang 2015 verschoben werden. Im Vorfeld gab es bereits erhebliche Spannungen. Aufgrund des mehr und mehr sich darstellenden Misstrauens gegenüber der Führung einzelner Mitglieder hatte ich bereits Bestrebungen eingeleitet, mich aktiv in das Geschehen einzubringen und mich für einen Vorstandssitz zu bewerben. Das hatte es bisher noch nicht gegeben und erweiterte zwangsläufig das Spannungsfeld.

Mein damaliger Vorstandsvorsitzender versuchte alles in die Wege zu leiten, das zu verhindern. Plötzlich gab es keine persönlichen Gespräche mehr, ein Anwaltsbüro übernahm die weitere Kommunikation. Unterdessen konnte ich zahlreiche Mitglieder gewinnen, die mein Anliegen unterstützten und ebenfalls eine Neuorientierung der Leitung wünschten.

Was war vorausgegangen?
Seitens vieler Vorstandsmitglieder, aber auch anderer Teilnehmer im KAT-System gab es Bestrebungen, den Geschäftsführer in den Ruhestand zu schicken. Das Verbot der Käfighaltung, des Schnabelstutzens und die Bemühungen, das Töten männlicher Küken nach dem Schlupf zu verbieten, gaben letztendlich den Ausschlag. Zudem hatte ich zu großen Rückhalt bei den Tierschutzorganisationen, den NGOs und dem Lebensmitteleinzelhandel aufgrund der vielfältigen Verbandstätigkeit. Das widersprach dem Interesse der Lobbyverbände, auch dem Bereich des Geflügel- und Wildhandels, der zunehmend unter dem Einfluss von der Eierlobby stand.

Die Mitgliederversammlung KAT stand kurz bevor, die erforderliche Teilnahme von Unterstützern, die meine Wahl zum Vorstand hätten durchsetzen können, blieb allerdings aus. Vor dem Hintergrund der sich zu diesem Zeitpunkt verbreitenden Geflügelinfluenza musste die Veranstaltung abgesagt werden, und die erhoffte Wahl zum Vorstand blieb aus.

Ich hatte bereits resigniert, mit 65 Jahren, dem anstehenden obligatorischen Ruhestand, wollte ich mich dem Druck nicht weiter aussetzen. Deshalb habe ich mich für ein Ausscheiden entschieden. Das war gut so, denn der neue Vorstand und Vorsitzende hätten mit ihrer Ausrichtung meine Akzeptanz nicht mehr gefunden. Heute bin ich außerordentlich froh, diese Entscheidung getroffen zu haben und kann mich anderen Themen widmen.

TEIL II

DER GEFLÜGELVERBAND

Verbandsgeschichte

2014 feierte der Verband ein ganz besonderes Jubiläum, denn vor genau 100 Jahren wurde der „Deutsche Wild- und Geflügelhändler-Verband“ [52] in Berlin gegründet.

Mit großem Mut und Geschick haben sich die damaligen Händler in Berlin zusammengeschlossen und den Verband durch die sehr bewegte erste Hälfte des 20. Jahrhunderts geführt. Die Lagerung von Lebensmitteln in Kühlhäusern und deren Handel in großen Markthallen legten den Grundstein des Verbandes, bei dem es zunächst um die Grundversorgung der Bevölkerung mit Lebensmitteln vor und während der Kriegszeit ging.

Nach dem Krieg organisierte sich der Verband neu und begann damit, die neuen Interessen, wie z.B. Zollfragen, Gänsezählungen und Marktberichterstattungen als Verbandsinhalte festzulegen. So entstand im Verlauf von 100 Jahren eine dynamische Institution mit immer neuen Verbandsschwerpunkten und Herausforderungen.

52 https://www.wissen-kompakt.eu

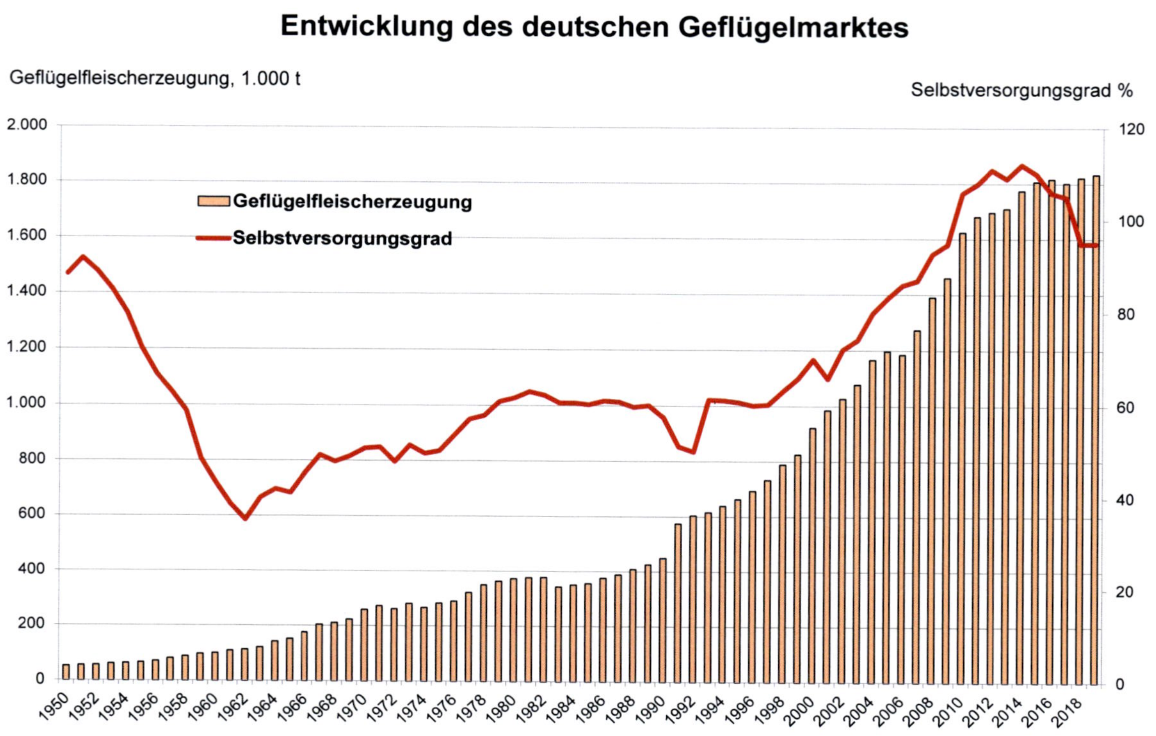

Quelle: EMA, MEG, eigene Recherche, CD Consulting gUG, 2020

Nach 1950 entwickelte sich die deutsche Geflügelwirtschaft in einem geradezu rasanten Tempo. Neue wissenschaftliche Erkenntnisse aus den USA ermöglichten zudem Leistungssteigerungen in Zucht, bessere Futterverwertung, neue Haltungssysteme und Verbesserung der Hygienemaßnahmen. Auch durch die Professionalisierung verschiedener Arbeitsbereiche kam es zu einem Aufschwung. In der Futterzusammenstellung wurde insbesondere die Bedeutung des Eiweißes sowie des Nährstoffverhältnisses und der Mineral- und Wirkstoffe erkannt und berücksichtigt.

Vor allem die Hähnchenmast boomte durch Hybridzuchten, während die Legetiere auf eine möglichst hohe Leistung gezüchtet wurden. Später erwies sich die Aufzucht und Mast von Puten als weiteres wirtschaftlich erfolgreiches Segment der Geflügelbranche.

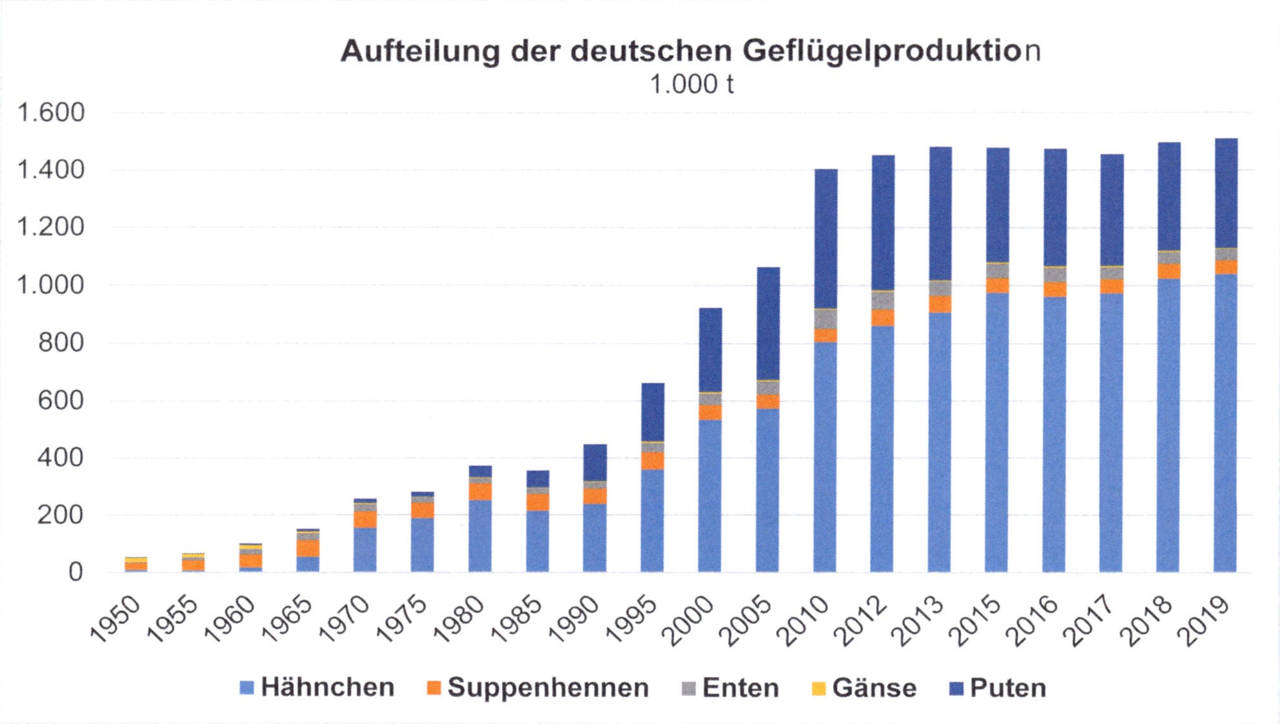

Quelle: EMA, MEG, eigene Recherche, CD Consulting gUG, 2020

Die Geflügelproduktion hat seit den Fünfzigerjahren einen kontinuierlichen Aufschwung genommen. Heute gibt es weiterhin Zuwachsraten, der rasante Austrittanstieg bleibt jedoch aus. Zwischenzeitlich lag die Selbstversorgung von Geflügelfleisch sogar deutlich über 100%, sodass der Exportmarkt erheblich an Bedeutung gewann.

Anfänglich wurde Geflügelfleisch aus den USA importiert. Das war für den Verband ein wichtiges Standbein. Die Diskussion um die Dekontamination zur Keimbelastung von Geflügelfleisch bereitete dem jedoch ein Ende, die Verwendung von Chlor als Desinfektionsmittel ist in der EU-Gesetzgebung verboten, obwohl dies ein hocheffizientes Mittel zur Keimbeseitigung darstellt, aber bis heute nicht den Vorgaben des EU-Hygienerechts entspricht. Damals entstand der Begriff Chlorhähnchen, was den gesamten Handel mit Geflügelfleisch zum Erliegen brachte.

Daraus hat sich aber ergeben, dass die deutsche Geflügelproduktion dank steigender Nachfrage an Bedeutung gewann. Nachstehend einige Zahlen zur aktuellen Versorgungsbilanz Geflügel. Das entspricht dem Durchschnitt der EU, während beispielsweise die USA oder Brasilien mit einem Verbrauch von weit über 50kg pro Kopf aufwarten.

Tabelle 2

Versorgungsbilanz Geflügel

Deutschland	**2005**	**2015**	**2017**	**2019**
Geflügelfleisch gesamt				
Produktion, 1.000 Tonnen	1.198	1.807	1.833	1.412
Einfuhren	805	848	941	1.001
Ausfuhren	431	755	756	676
Verbrauch pro Kopf, kg	18	20	21	23
Hähnchenfleisch				
Produktion, 1.000 Tonnen	794	1.357	1.370	1.412
Einfuhren	493	614	706	760
Ausfuhren	296	755	573	500
Verbrauch pro Kopf, kg	10,0	13,0	14,0	16,2
davon				
Bio	-	1,0	1,0	2,0
Tierschutz	-	< 0,5	< 0,5	1,0
Selbstversorgungsgrad, %	96,8	128,2	118,4	104,7

Quelle: Stat. Bundesamt, MEG, eigene Recherche, CD Consulting gUG, 2020

Neuausrichtung der Verbandsarbeit

Heute stehen völlig andere Themen im Vordergrund, wie zum Beispiel Kennzeichnungsvorschriften, Rückstands-Analytik, Lebensmittelsicherheit, aber auch Tierschutzfragen. Das betrifft sowohl den Bereich Eier als auch Geflügel und Wild. Gesetzliche Anforderungen für die Produktion und Vermarktung, aber auch Zollrecht, Wettbewerbsfragen, die den Groß- und Außenhandel in besonderem Maß prägen.

Das 100-jährige Bestehen war Anlass genug, die Mitglieder zu einer Jubiläumsfeier nach Berlin einzuladen, was auf großes Interesse stieß. Die Gästeliste erstreckte sich auch auf Teilnehmer aus den

Ministerien anderer Verbände, Freunde und Förderer. Damit bot sich die Gelegenheit, noch einmal auf die Anfänge der Verbandsgeschichte, die unter ganz anderen Vorzeichen stand, zurückzublicken. Seither hatte sich vieles geändert, die Strukturen waren nicht mehr die, wie sie sich zu Beginn meiner Laufbahn gestalteten. Die zahlreichen Krisen blieben nicht ohne Auswirkungen, die Zahl der Mitgliedsbetriebe schrumpfte. Die Vorstände der Verbände resignierten zum Teil, und das Engagement blieb im Vergleich zu den Anfängen mehr und mehr aus. Vielleicht lag es an einem mangelnden Interesse, noch etwas Neues zu gestalten. Die 100-Jahrfeier hatte deshalb für mich den Charakter einer Abschlussveranstaltung, denn die Interessenslagen der jeweiligen Organisationen ließen sich kaum noch miteinander vereinen. So wie anderen Organisationen zu dieser Zeit erging es auch dem Verband des Eier-, Wild- und Geflügelhandels, der bedingt durch Internet und die neuen Kommunikationsmöglichkeiten, Mitglieder zu informieren, im Laufe der Jahre an Bedeutung verloren hatte.

Struktur der Geflügelverbände

Die nachstehende Übersicht zeigt die verschiedenen Aktivitäten der Verbände und Organisation, die unter meiner Leitung entstanden sind. Die verschiedenen Aktivitäten standen für ein verbreitetes Netzwerk unterschiedlicher Aufgaben und Strukturen, was einerseits zahlreiche Arbeitsplätze bedeutete und anderseits die finanzielle Grundlage für die Verbände sicherstellte. Denn schon zu der Zeit gab es strukturelle Veränderungen, und bedingt durch neue Kommunikationsmöglichkeiten schrumpfte das Interesse der Betriebe, die Mitgliedschaft in Verbänden aufrechtzuerhalten. Das betraf vor allem kleinere Organisationen. Heute hat sich das Bild der Geschäftsstelle komplett gewandelt. Nach meinem Eintritt in den Ruhestand Ende 2015 wurden die Geschäftsfelder neu strukturiert, schrittweise aufgelöst bzw. an andere Organisationen übertragen.

Organigramm der Geschäftsstelle bis 2015

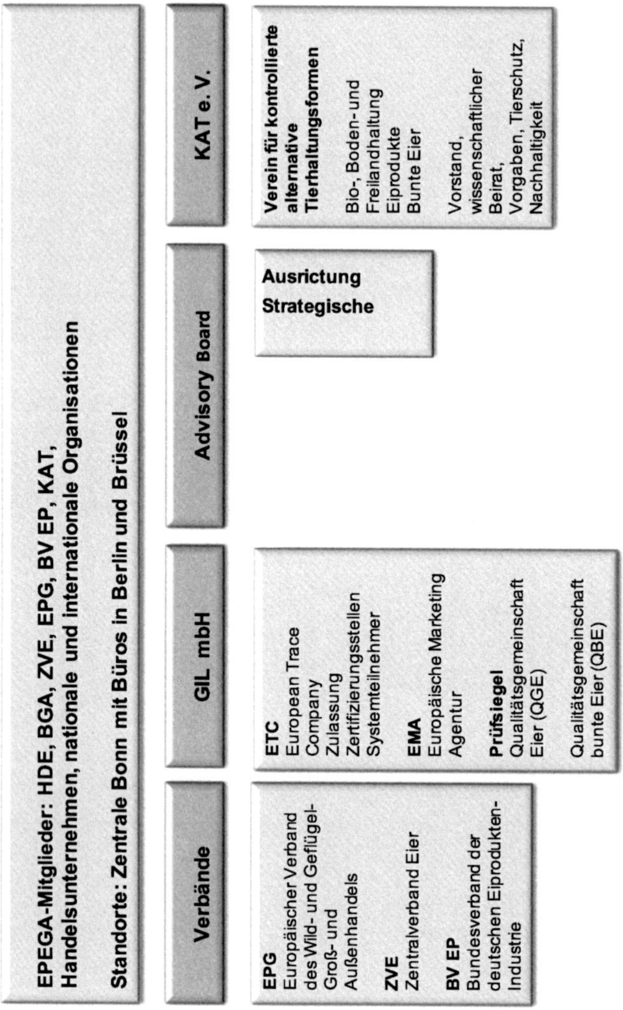

Quelle: EPEGA, eigene Recherche

Neue Geschäftsfelder

Das ursprüngliche Büro aus 1992 in Bonn existiert lange nicht mehr, es war einfach zu klein. Es erfolgte ein weiterer Umzug in ein neues Büro nahe meinem ursprünglichen Arbeitsplatz bei der ZMP im Haus des Bauernverbandes, der seinen Sitz nach Berlin verlegt hatte.

Die Zahl der Mitarbeiter stieg und erforderte weitere Bürofläche. Ich traf die Entscheidung, in einen repräsentativen Neubau mit Blick auf den Rhein zu ziehen. Die Geschäftsräume verfügten neben ausreichendem Parkraum, Restaurants, Hotel, Besprechungsräume auch über aktuelle Kommunikationstechnik. Der Umzug in die neue Geschäftsstelle, dem Haus der Verbände, erfolgte Ende 2013.

Gegenüber der ursprünglichen Darstellung im Kapitel I hatte sich vieles geändert. Das erforderte eine neue Organisationsstruktur und die Abtrennung der Verbände, der GIL mbH gegenüber den Kontrollorganisationen und dem Verein KAT. Es handelte sich um unterschiedliche Geschäftsfelder und die zumeist gegensätzlichen Interessen der angeschlossenen Mitgliedsbetriebe. Damit ergab sich die Möglichkeit, neue Akzente der strategischen Ausrichtung darzustellen.

Der Gedanke, den Organisationen eine länderübergreifend ausgerichtete Struktur zu geben, führte zu massiven Anpassungen der Verbandspolitik. Es begann mit der Namensgebung, European Poultry Egg and Game Association – EPEGA [53], die europäisch ausgerichtet werden sollte, mit dem Ziel, Mitglieder und Verbände aus anderen Ländern zu gewinnen. Das hat sich als die richtige Strategie erwiesen. Die Zahl der Mitgliedsbetriebe stieg deutlich, und die Verbände bekamen damit als Interessensvertretung mehr Einfluss und Bedeutung. Primär ging

53 https://www.epega.org

es darum, die Interessen der Mitglieder im Bereich des Groß- und Außenhandels gegenüber Behörden und der EU-Kommission zu vertreten.

Davon profitierten auch die anderen Verbände. Unter dem Dach der EPEGA mit Sitz in Bonn, Berlin und Brüssel wurden die angeschlossenen Verbände und Organisationen verwaltet. Die Hauptaufgabe bestand darin, die Mitglieder repräsentativ bei Institutionen der Europäischen Union, in EU-Mitgliedsstaaten und in Drittländern zu vertreten und ein Netzwerk mit europäischen Partnern, Verbänden in den Mitgliedsstaaten und weltweit auszubauen.

Mitgliedschaft in anderen Verbänden

Netzwerk spielt im Bereich der Verbände eine außerordentlich große Rolle. Deshalb war es von Bedeutung, möglichst viele Kontakte zu knüpfen, um Interessen zu bündeln, die bei der Durchsetzung von Vorgaben einen weitaus höheren Stellenwert haben. Es gab viele Mitgliedschaften in anderen Organisationen, Handelsunternehmen, nationale, internationale Verbände mit den unterschiedlichsten Ausrichtungen.

Die nachstehende Übersicht zeigt die nationalen und internationalen Verbindungen. Aus einem kleinen Verband wurde eine große Organisation, die Einfluss und Kompetenz hatte.

FEI	Forschungskreis der Ernährungsindustrie
EEPTA	European Egg Traders Association (EUWEP)
EEPA	European Egg Processors Association (EUWEP)
IEC	International Egg Commission
IPC	International Poultry Council

EPC	European Poultry Club
EU	Member of Advisory Board EU Commission
HDE/ EUROCOM	Hauptverband des Deutschen Einzelhandels
BGA	Bundesverband Groß- und Außenhandel, Dienstleistungen
Global GAP	Good Agricultural Practice
WPSA	Deutsche Vereinigung für Geflügelwirtschaft e. V.
ZDG	Zentralverband der Deutschen Geflügelwirtschaft e. V.
TAFFS	International Forum for **T**ransmissible Animal Diseases **a**nd **F**ood **S**afety
DIN	Deutsches Institut für Normung

Das globale Netzwerk bereitete erheblichen organisatorischen Aufwand, Neuorientierung, verbunden mit hoher Reisetätigkeit. Nachstehend eine Übersicht des damaligen Netzwerks (Stand 2014):

uelle: EPEGA, eigene Recherche

International Poultry Council – IPC

Das Internation Poultry Council [54] (IPC) steht für Prinzipien, dass Geflügelfleisch das Produkt ist, welches alle Anforderungen und Erwartungen der Verbraucher an tierische Veredlungsprodukte als Nahrungsgrundlage am besten widerspiegelt: gesund, sicher, nahrhaft, hochwertig und erschwinglich.

IPC will die globale Ernährungssicherheit in einem multilateralen Umfeld und befürwortet ein faires Lebensmittelsystem, das auf starken und produktiven Beziehungen zwischen den Interessensgruppen basiert.

Es geht darum, die Stärkung der Kommunikation zwischen den Industrien verschiedener Länder, ein gemeinsames globales Verständnis und Vertrauen der Verbraucher in Geflügelprodukte zu fördern. Dazu zählte der Austausch von wissenschaftlich fundierten Lösungen und Informationen über die gesamte Geflügellieferkette und die Förderung, Unterstützung der nachhaltigen Entwicklung der Tierproduktion.

Erstrebenswerte Ziele, deshalb hat sich die EPEGA der internationalen Organisation angeschlossen. Mittlerweile sind fast alle bedeutenden Unternehmen der Geflügelwirtschaft in dieser Organisation vertreten, und es ist wichtig, einen Beitrag zu leisten, um eine gemeinsame Interessenslage zu fokussieren. Hierbei ging es nicht um nationale oder europäische Interessen, sondern die weltweite Orientierung. Von Bedeutung waren vor allem die Kontakte und der direkte Austausch mit den verschiedenen Akteuren der Geflügelwirtschaft. Damit ergaben sich überaus interessante und wertvolle Erfahrungen, die meinen strategischen Gedanken zur Weiterentwicklung der Verbandsgeschäfte geholfen haben. Das betriff auch den politischen Hintergrund, denn der Einfluss der Organisation konnte sehr hilfreich sein.

---

54 https://internationalpoultrycouncil.org

Der damalige Vorsitzende aus Atlanta, Bundesstaat Georgia, war ein brillanter Fachmann und eine charismatische Persönlichkeit. Die Zusammenarbeit hat viel Freude bereitet.

Heute sind in der IPC 90% der Weltgeflügelproduktion vertreten. Die Vorgaben orientieren sich in vieler Hinsicht an der ICE, dem Internationalen Eierverband. Ursprünglich gab es, als sich der Verband im Aufbau befand, noch gemeinsame bzw. parallel stattfindende Veranstaltungen. Die Veranstaltungen finden wie auch bei der IEC weltweit statt.

European Poultry Club – EPC

Der European Poultry Club [55] (EPC) ist eine neutrale Plattform und ein unabhängiges Netzwerk von Unternehmern und geschäftsorientierten Personen in der Geflügelindustrie. Daher ist das wichtigste und zentrale Ziel des EPC der formale und individuelle Kontakt zwischen Menschen mit ähnlichen Herausforderungen und Bedürfnissen aus verschiedenen Ländern. Der EPC wurde im Jahr 2002 gegründet.

Als europäischer Geflügelverband waren wir Mitglied dieser Organisation. Er ist in Deutschland ansässig, und Initiatoren sind deutsche Großunternehmen der Geflügelindustrie. Deshalb stehen zwangsläufig nationale Interessen im Vordergrund, dennoch war es wichtig, diesem Verband anzugehören und an den Veranstaltungen Kontakte für neue Ideen zu knüpfen.

55 https://poultryclub.net/home-epc

Hauptverband des deutschen Lebensmitteleinzelhandels – HDE

Der Hauptverband des deutschen Lebensmitteleinzelhandels [56] (HDE) vertritt die Interessen von Unternehmen aller Branchen, Größenklassen und Vertriebswege, organisiert mit rund 100.000 Betriebsstätten. Sie stehen für rund 75 % des Umsatzes im Lebensmitteleinzelhandel in Deutschland.

Die Mitglieder engagieren sich für die flächendeckende Nahversorgung sowie für ein qualitativ hochwertiges Sortiment zu günstigen Preisen. Dabei kommt dem nachhaltigen Ressourceneinsatz und Angebot von Produkten aus nachhaltiger Herstellung eine immer größere Bedeutung zu.

Als drittgrößter Vertreter der Wirtschaftsbranche nach Industrie und Handwerk nimmt der HDE die Verantwortung für jeden zwölften Arbeitsplatz in Deutschland wahr. Deshalb war es für mich von außerordentlicher Bedeutung, Mitglied im Handelsverband zu sein. Enge Beziehungen gab es schon vorher zum Hauptverband des deutschen Lebensmitteleinzelhandels BVLH [57], die beide miteinander kooperieren, denn es gilt, gemeinsame Interessen voranzutreiben. Als europäischer Verband bestand die Möglichkeit, dem HDE beizutreten und als aktives Mitglied bei den Treffen, u. a. dem Lebensmittelrechtsausschuss, die Interessen der Eier- und Geflügelbranche darzustellen. Andere Verbände hatten keinen direkten Zugang über den Verband zum Lebensmittelhandel und die Möglichkeit der Teilnahme an den Sitzungen, wenn es um Lebensmittelrecht und andere Dinge ging. Am Rande von Veranstaltungen konnten Kontakte vertieft und vieles „auf dem kleinen Dienstweg“ besprochen und vereinbart werden, was sich als sehr nützlich erwies, Strategien im Interesse und Nutzen der Verbände zu entwickeln.

---

56 https://einzelhandel.de/derverband/aufgaben
57 https://www.bvlh.net/themen/gemeinwohl

Gute Verbindungen konnten auch zum europäischen Verband der Lebensmittelhändler, EUROCommerce, aufgebaut werden, die auch heute noch bestehen. Das Netzwerk bot wiederum viele Möglichkeiten für ein breites Engagement, und das habe ich als Verbandsvertreter genutzt.

Die Verbandsvertreter hatten eine andere Sichtweise, ein zu enger Kontakt zum Lebensmittelhandel wurde eher kritisch betrachtet. Dennoch habe ich den Standpunkt vertreten, dass es von hoher Bedeutung ist, dabei zu sein. Deshalb konnte ich in den jeweiligen Sitzungen immer wieder den aktuellen Sachstand im Bereich der Herkunftssicherung, Rückverfolgung von Geflügelfleisch, Wild und zuletzt Kaninchen darstellen. Dazu zählte auch das Krisenmanagement.

Bundesverband Großhandel, Außenhandel und Dienstleistung – BGA

Der Bundesverband Großhandel, Außenhandel und Dienstleistung e. V. mit Sitz in Berlin – BGA [58] vertritt die Interessen der Unternehmen des Groß- und Außenhandels auf nationaler, europäischer und internationaler Ebene. Er setzt sich ein für Weltoffenheit, freien Wettbewerb in einer liberalen, marktwirtschaftlichen Ordnung und verantwortungsvolles Unternehmertum. Handel und internationaler Wettbewerb führen zu weltweitem Wachstum, Wohlstand und Beschäftigung. Hiervon profitiert Deutschland als exportstarke Nation in besonderem Maße. Handelsbeschränkungen hingegen schmälern Chancen auf Beschäftigung und eine prosperierende Gesellschaft, so die Aussage auf der Homepage des Verbandes.

58 https://www.bga.de/bga/

Es handelte sich um einen Spitzenverband der deutschen Wirtschaft, der Gehör und Beachtung findet. Traditionell waren wir als Verband des Groß- und Außenhandels für den Bereich Geflügel und Wildfleisch Mitglied dieser Organisation. Das Ziel bestand darin, gleich lautende Interessen miteinander zu verbinden und Einfluss zu nehmen. Als alleiniger Verband sind dafür die Chancen gering, gemeinsam mit anderen Organisationen bestehen weitaus mehr Möglichkeiten der Außendarstellung und Verwirklichung neuer Ideen und Vorgaben. Das wurde von meiner Seite aus ganz eindeutig als besonderer Vorteil betrachtet, auch die Vorstände der Übrigen unterstützten das Vorgehen. Das wurde auch von anderen Verbänden der Branche so gesehen. Regelmäßige Treffen, zum Beispiel über den Agrarausschuss, der spezifische Themen der Branche auf eine gemeinsame Diskussionsplattform brachte, vertieften den Einfluss gegenüber der Politik und den jeweiligen Gremien bis hin zur europäischen Kommission. Die Mitgliedschaft ermöglichte zahlreiche Kontakte zu anderen Verbänden und war Bestandteil des Netzwerks.

Um zweigleisig zu verfahren, musste ein zweites Standbein in Berlin aufgebaut werden. Dafür bot sich das Haus der Verbände, zudem bereits der Kontakt HDE und BGA bestand an. Somit gab es ein virtuelles Büro in Berlin, mit der Postadresse und Kommunikationsanbindung. Mit dem Umzug der Bundesregierung von Bonn nach Berlin verlegten viele Verbände ebenfalls den Geschäftssitz nach Berlin. Man musste Präsenz zeigen, um näher am Ort des Geschehens zu sein. Das war eine nachvollziehbare und sinnvolle Entscheidung. Auch innerhalb meiner Verbände gab es darüber Diskussionen und Überlegungen, den Standort Bonn zu verlassen. Ich habe mich erfolgreich dagegen ausgesprochen, denn die Nähe zu Brüssel erwies sich schon aus strategischer Sicht als sinnvoll.

In Personalunion konnte über den BGA ein Büro in Brüssel aufgebaut und ein Mitarbeiter, der in Brüssel gut vernetzt war, gewonnen werden. Zuvor hatte dieser den europäischen Verband der CELCAA als Geschäftsführer betreut. Strukturelle Veränderungen führten jedoch zu einer Neuregelung der damaligen Leitung, sodass der ehemalige Geschäftsführer zur Verfügung stand. Damit konnten die Interessen der Verbände über eine Geschäftsstelle in Brüssel ihre europäische Ausrichtung bekräftigen. Das ermöglichte vor allem eine wesentlich höherer Präsenz, Teilnahme an wichtigen Veranstaltungen, aber auch den direkten Zugang zum europäischen Parlament. Auf Basis dieser Konstellation wurden zahlreiche Veranstaltungen mit Vertretern des Parlaments in Brüssel durchgeführt und die Möglichkeit eröffnet, an Treffen der Lobbyaktivisten teilzunehmen.

Die direkten Kontakte zu Vertretern der EU, dem Bereich Landwirtschaft, Zoll, Lebensmittelsicherheit und Handel, waren von großer Bedeutung. Regelmäßige Treffen, die Möglichkeit, Beiträge zu Anhörungen zu leisten, wenn es darum ging, neue gesetzliche Bestimmungen auf den Weg zu bringen, erwiesen sich für die Verbandsarbeit als sehr zielführend. Das Lebensmittelrecht wurde zu der Zeit neu gestaltet, und die bisherigen nationalen Lösungen standen unter den Vorgaben der Gesetzgebung in Brüssel. Die Arbeit bestand in hohem Maße im Studium der Amtsblätter und der Veröffentlichung neuer Verordnungen und Richtlinien. Für den Groß- und Außenhandel gab es regelmäßige Anpassungen, vom Zollrecht bis hin zu Hygiene- Bestimmungen.

China Chamber of Commerce

Der Handel mit Betrieben in China nahm zu Beginn des 21. Jahrhunderts an Bedeutung zu. Die Lieferungen bestanden in erster Linie aus Wildfleisch und Kaninchen. Das Problem bestand jedoch in der Zulassung von Betrieben, um den Exportmarkt aufzubauen. Hier gab es große Schwierigkeiten, die Vorgaben der EU mussten für die Zulassung erfüllt werden. Außerdem standen Tierseuchenrecht-Anforderungen der Zulassung entgegen. Aus der EU wurden vor allem Ständer (Beine) von Geflügel geliefert, die hierzulande keinen Absatz fanden.

EPEGA hat deshalb einen direkten Kontakt zur China Chamber of Commerce in Peking aufgebaut. Die Institution ist vergleichbar mit dem Industrie- und Handelsverband. Es ging darum, gemeinsame Interessen gegenüber der EU-Kommission aufzubauen, und da war die Unterstützung der EPEGA hilfreich. Viele Mitgliedsbetriebe in Deutschland verfügten über einen direkten Kontakt zu den Unternehmen in China und befürworteten die Intensivierung der Handelsbeziehungen sehr.

Strategiegespräche, verbunden mit Vortragsveranstaltungen, sowohl in China als auch in Deutschland und Brüssel mit Vertretern der EU-Kommission, sollten Lösungen bieten. Teilnehmer waren bedeutende Unternehmen der Geflügelwirtschaft, Kaninchen bis hin zu Vermarktern von Wildfleisch. Zielsetzung war, eine stärkere Position mit den Produkten am Markt zu erlangen, aber auch, um auch von den Kontingentregeln mit reduzierten Zollsätzen profitieren zu können.

Das ist nur zum Teil gelungen. Tierseuchenrechtliche Aspekte erschweren nach wie vor den Verkauf von chinesischem Geflügelfleisch in Länder der EU. Ein weiteres Problem bestand in der Kommunikation aufgrund fehlender Übersetzung. Heute hat sich das allerdings geändert, der chinesische Markt ist sowohl für den Export als auch Import von tierischen Erzeugnissen von hoher Bedeutung. Ein Großteil der in Deutschland vermarkteten Kaninchen stammt zum Beispiel aus China, dazu im Weiteren mehr Details.

Der Dachverband EPEGA

Verbandsarbeit ist immer wieder mit neuen Herausforderungen verbunden. Vor allem ein reibungsloses Zusammenspiel mit unterschiedlichen Interessen und Vorgaben erschwert das richtige Verhalten und die Gefahr, den Job zu verlieren. Freude bereitet hat es dennoch, etwas bewegen zu können und neue Ideen über den Dachverband einbringen zu können. Schon relativ früh hatte ich erkannt, dass es wichtig war, als Teil des Gremiums einbezogen zu werden, um nicht der Willkür Einzelner ausgesetzt zu sein. Ich erreichte schließlich die Zustimmung, als weiteres Vorstandsmitglied der EPEGA benannt zu werden, notariell beglaubigt und für mindestens zehn Jahre. Gern erinnere ich mich daran, dass sich das beauftragte Notariat zur Beurkundung sehr erstaunt über die Benennung zeigte. Es ließ aber eine gewisse Begeisterung verlauten, denn bisher hatte man Ähnliches noch nicht erlebt.

Mitgliedglied des Vorstands zu sein, diente zum einen der Arbeitsplatzsicherung, zum anderen konnten Entscheidungen getroffen werden, die als Geschäftsführer grundsätzlich der vorherigen Zustimmung des Vorstands bedurften.

Die Konkurrenz EPGA

Nachdem die EUWEP zusehends den Eierbereich domminierte, fühlten sich die deutschen Unternehmen der Geflügel- und Wildhändler kaum noch vertreten. Dies spitzte sich zu, als unter der Regie der EUWEP die EPGA (European Poultry and Game Assoziation) nach dem Vorbild Eier und Eiprodukte entstand.

Der Verband hatte zwar kaum Mitglieder, die Präsenz und das Auftreten gegenüber der EU ließen das jedoch nicht erkennen. Die Namensgleichheit zur EPEGA führte zwangsläufig zu einem Spannungsverhältnis und einer juristischen Auseinandersetzung.

Die Suche nach Lösungen gestaltete sich schwierig. Während die neue EPGA unter der Direktive der EUWEP auf der Stelle trat, konnte ich mit der EPEGA weitere Unternehmen und Verbände einbeziehen und davon profitieren. Am Ende gab es eine Einigung mit der EPGA, die heute keine Bedeutung mehr hat.

EPG – European Poultry and Game Association e. V.

Der ursprüngliche Arbeitgeber war der Geflügel- und Wildverband mit den zur damaliger Zeit eher unbedeutenden Eier- und Eiproduktenverbänden. Es war bei meiner ersten Vorstellung als Kandidat der Geschäftsführung fast wie ein Spießrutenlauf, aber ich habe es geschafft. Wichtig waren meine Kompetenz und das Wissen dank meiner früheren Berufserfahrung. Im Bereich des Wildhandels konnte ich mit meiner langjährigen Erfahrung als Jäger punkten. Das bedeutete Fachkompetenz, wenn es um Fragen zur Jagd und dem sogenannten Waidwerk ging.

Der Vorsitzende des Verbandes, ein sehr weltweit agierender erfolgreicher Unternehmer mit konkreten Vorstellungen zum Aufgabenbereich der Geschäftsführung. Das führte zwangsläufig zu manchen inhaltlichen Diskussionen und Auseinandersetzungen, geschätzt habe ich ihn dennoch. Es war zu Beginn nicht leicht, den Vorgaben zu folgen. Dahinter standen seitens des Vorstands oft eigene Interessen, um sich Vorteile am Markt schaffen zu können, was durchaus legitim ist, das umfasste viele Gespräche mit Vertretern der Ministerien, Fachbereichen der EU-Kommission und Sitzungen in diversen Ausschüssen.

Damals galt es noch als etwas Besonderes, Mitglied im Vorstand des Geflügel- und Wildverbands zu sein. Es handelte sich für die Branche um ein Entscheidungsgremium mit hohem Einfluss auf das Marktgeschehen. Daraus resultierte ein sehr großes Interesse von den Mitgliedern, für die im zweijährigen Rhythmus stattfindenden Mitgliederversammlungen aufgestellt zu werden. Da die Zahl der Bewerber immer über die möglichen Kandidaten der 11 Vorstandsmitglieder hinausging, waren das spannende Zeiten, auch für den Geschäftsführer, der möglicherweise einen neuen Chef bekommt. Aus dem Kreis der gewählten Vorstandsmitglieder wurde der Vorsitzende und Stellvertreter, Letzter aus dem Bereich der Wildbearbeitung. Diese bestimmten, ähnlich wie bei den politischen Parteien, im Wesentlichen die künftige Ausrichtung, insbesondere auch in Bezug auf die Geschäftsstelle, die den Anweisungen zu folgen hatte.

Zu Beginn meiner Laufbahn galt ein Sitz im Vorstand als etwas Erstrebenswertes. Es ging darum, mitwirken zu können, aber auch um Informationsvorsprung. Denn die Ausrichtung der Strategien bedeutete Einflussnahme.

Zwischenzeitlich konnte ich meine Position an den Märkten und auch im Zusammenspiel mit anderen Verbänden und Organisationen kontinuierlich festigen. Es folgten Anerkennung für die geleistete Arbeit und das Angebot, die Geschäftsführung einer weiteren Organisation, die der Fleischwirtschaft, zu übernehmen, eine tolle Herausforderung, die ich gern wahrgenommen hätte. Die Inhalte entsprachen den Zielen und Interessen der Geflügelwirtschaft, woraus sich für beide Seiten gute Synergien und Marktbedeutung ergeben hätten. Allerdings teilte der Vorstand meines Verbandes diese Auffassung nicht und stellte mich vor die Option: entweder das eine oder das andere. Ich habe mich letztendlich für den Verband des Geflügel- und Wildhandels entschieden, und das erwies sich im Verlauf als richtig und gut.

Ursprünglich firmierte die Organisation unter dem Bundesverband des Groß- und Außenhandels mit Wild- und Geflügel. Damit handelte es sich um einen rein deutschen Verband. Unternehmen aus benachbarten EU-Ländern zeigten ebenfalls Interesse an einer Mitgliedschaft. Um das zu ermöglichen, wurden Satzung und Strategien neu ausgerichtet. Der Verband firmierte unter EPG – European Poultry and Game Association. Das war auch dem Gedanken der sich mehr und mehr international ausgerichteten Handelsbeziehungen geschuldet. Die Zahl der Mitglieder stieg, und die neue Organisation gewann an Einfluss und Bedeutung. Im Fokus standen nicht nur nationale Interessen, sondern auch europäisch ausgerichtete Belange, was den Zugang zu den EU-Gremien erleichterte.

Die Geschäftsstelle, Verbandsarbeit

Mit dem Eintritt in die Verbände für Wild und Geflügel begann für mich eine neue Ära. Es sollte ein großer Schritt sein, der sich jedoch zu Beginn als eher klein erwies. Immerhin konnte ein neues Büro bezogen werden, dass unter meiner Regie ausgestattet werden konnte. Es war an der Zeit, für „frischen Wind“ zu sorgen. Der Verband war noch immer an alte Traditionen gebunden. Das betraf auch die Infrastruktur und die technische Ausstattung aus den 80er-Jahren, die dringend angepasst werden musste. Leider war das Budget extrem klein, sodass ich die ersten Computer vorfinanzieren musste. Zu der Zeit hatte ich Zweifel, ob meine Entscheidung, zu den Verbänden zu wechseln, die richtige war.

Die erste Mitgliederversammlung wurde von mir organisiert. Das Interesse der Mitglieder, den neuen Geschäftsführer kennenzulernen, spiegelte sich in einer sehr hohen Teilnehmerzahl wider und galt als erste große Bewährungsprobe. Üblicherweise wurden solche Veranstaltungen von den Vorsitzenden geleitet, diesmal war es anders. Man überließ mir die gesamte Regie, im Detail von den jeweiligen Vorträgen bis hin zur Wahl des neuen Vorstands. Mit solchen Prozeduren kannte ich mich aus und habe das konsequent umgesetzt. Vor allem mit den bei meinem früheren Arbeitgeber gewonnenen Erkenntnissen über das politische Geschehen in Brüssel und dem Wissen über den

Groß- und Außenhandel, Zollrecht und Marktordnungsregularien konnte ich punkten. Die Bewährungsprobe verlief gut, und die eigentliche Arbeit als „Lobbyist“ begann.

Gute Kontakte zur administrativen Ebene der Ministerien und der EU-Kommission gehörten zur Verbandsarbeit. Es gehörte zum Business, ein Netzwerk aufzubauen, um schneller an Informationen zu gelangen. Vorranging standen dabei die Bereiche der Vermarktungsnormen, das Hygiene- und Tierseuchenrecht, Zoll- und Außenhandelsfragen sowie die Mitarbeit an der Gestaltung neuer Verordnungen und weitergehender Bestimmungen, die den Bereich des Verbandes betrafen, im MIttelpunkt. Verbände und Wirtschaftsbeteiligte konnten üblicherweise vor anstehenden Entscheidungen sowohl auf nationaler als auch auf europäischer Ebene ihre Interessen und Vorschläge einbringen. Es handelte sich um eine übliche Praxis der Verwaltungsebene. Dieser Zugang war Einzelunternehmen in der Regel verwehrt, was eine Verbandszugehörigkeit zwingend erforderte.

Änderungen der Rechtslage, insbesondere in Bezug auf handelsrelevante Fragen, wie z.B. Änderung des Zollrechts, Einfuhrbeschränkungen, Tierseuchenrecht etc., standen immer wieder im Fokus. Informationsvorsprung zu vermitteln, hatte für die handelsorientierten Betriebe große Bedeutung. Nur über ein gutes Netzwerk konnte das aufrechtgehalten werden, und das funktionierte gut, sodass das Interesse an einer Mitgliedschaft stieg.

Schwerpunkte

Die wesentlichen Schwerpunkte der Verbandsarbeit lassen sich klar strukturieren. In der nachstehenden Aufzählung werden die wesentlichen Aufgaben dargestellt, und sie sind beispielhaft für die damalige Arbeit, ähnlich wie sie auch in anderen Verbandsstrukturen zu finden sind:

- Vermarktungsstandards für Eier und Geflügel
- Tierschutzanforderungen und Vorgaben für „tiergerechte“ Produktion
- Kontingente, neue Vorgaben
- Abwicklung von Importen
- Aktivitäten anderer Verbände (CELCAA, UECBV [59], IPC, EPC)
- AI-Problematik, Nulltoleranz Salmonellen
- Herkunftssicherung und Rückverfolgung
- Dioxine und PCBs
- Meldepflicht der Labore
- Kennzeichnungsfragen bei Wildfleisch
- Monitoring von Schwermetallen in Wildfleisch usw.
- Lobbyarbeit Berlin, Brüssel, EU-Kommission und EU-Parlament

Neben den klassischen Verbandsaufgaben, mit Themen aus den Bereichen der Produktion und Vermarktung, rückte die Abwicklung des Importgeschäfts mit Kontingentregelungen mehr und mehr in den Vordergrund. Aber auch das neue Lebensmittelrecht und Anpassungen der Lebensmittelhygiene, strenge mikrobiologische Vorgaben erforderten Handlungsbedarf. Darüber hinaus stellten Zoonosen und Tierseuchen die Branche vor neue Herausforderungen, die nur gemeinsam bewältigt werden konnten.

Dazu gehörten u. a.:

- Nachhaltigkeit
- CO2 -Footprint
- Tierschutzanforderungen
- Rückstände und Nulltoleranz
- Gentechnisch veränderte Futtermittel
- Lebensmittelskandale und damit verbunden neue gesetzliche Regelungen

59 http://www.uecbv.eu/en/members.php

- Herkunftssicherung/Rückverfolgbarkeit entlang der Prozesskette
- QS-Anforderungen des Lebensmittelhandels und der Verbraucher
- Kartellrecht und Compliance
- Entwicklung von Standards und Leitlinien
- Erschließung von Exportmärkten.

Angesichts dieser vielfältigen Schwerpunkte gestaltete sich die aktive Verbandsmitgliedschaft wichtiger denn je, um Probleme zu lösen und den Kontakt zu Behörden und Politik auszubauen. Inwieweit die Mitglieder das tatsächlich so gesehen und erkannt haben, kann ich nicht beurteilen. Sicher ist aber, dass die neuen Vorgaben der Ausrichtung für eine zukunftsorientierte Verbandsarbeit maßgebend sind. Nur über eine Verbandsmitgliedschaft findet die Branche Gehör bei Entscheidungsträgern aus Politik und Verwaltung – ein Weg, der einzelnen Personen oder Firmen in dieser Form nicht offensteht.

Die wöchentlichen Rundschreiben konzentrierten sich auf die Bekanntgabe von Verordnungen und Richtlinien der europäischen Kommission, aber auch entsprechenden Gesetzen im Bereich der Lebensmittelüberwachung und Hygiene. Zu der Zeit fand ein Umbruch statt, nationale Vorgaben wurden durch überregionale Bestimmungen abgelöst. Das waren interessante Zeiten, und es gab Gestaltungsperspektiven. Das betraf auch den Handel mit Geflügelfleisch und Wild. Damals waren die Länder Osteuropas noch nicht Bestandteil der EU, sondern Beitrittskandidaten mit einem Sonderstatus. Diese bestanden aus Kontingenten, um den Handel mit Lebensmitteln anzukurbeln und zu erleichtern. Kontingente bedeuteten Reduzierung der Einfuhrzölle um bis zu 80%, was für die Mitglieder des Verbandes von sehr hohem Interesse und für beide Seiten ein einträgliches Geschäft war. Geflügelfleisch musste zu dem Zeitpunkt noch in relativ hohem Maße importiert werden, das galt vor allem für Enten, Gänse und Wildfleisch.

Es bestätigten sich die vorausgegangen Bemühungen, den national ausgerichteten Dachverband des Geflügelhandels als europäische Initiative EPEGA auszurichten, Kontakte zu anderen Verbänden aufzunehmen und Verhandlungen einer Zusammenarbeit mit Partnern in Ungarn, Polen, Tschechien, Rumänien und Österreich zu vertiefen.

Der Handel mit Geflügelfleisch spielt innerhalb der Europäischen Union eine besondere Rolle. Zu Beginn der 1960er-Jahre war die Produktion von Geflügelfleisch in den heutigen EU-Ländern noch unbedeutend. Die Europäische Gemeinschaft wurde erst 1967 gegründet. Damals stammte ein Großteil der Geflügelimporte aus den Nachbarländern Niederlande und Frankreich, aber auch aus den USA.

Die Europäische Union ist heute einer der weltweit größte Produzenten von Geflügelfleisch. Der Konsum wächst stetig, und der Selbstversorgungsgrad liegt deutlich über 100%. Während es vor vielen Jahren notwendig war, die wachsende Nachfrage durch Importe zu decken, wird heute Geflügelfleisch exportiert, um den Markt im Gleichgewicht zu halten. Trotz steigendem Verbrauch gibt es Überproduktion, und sie steigt weiter. Der Handel mit Geflügelfleisch und -produkten ist deshalb von großer Bedeutung, und es müssen neue Märkte erschlossen werden.

Trotz Überversorgung besteht ein lebhafter Importhandel, mit knapp einer Mio. Tonnen. Diese konzentrieren sich auf hochwertiges entbeintes Hühner- und Putenfleisch. Aufgrund der Transportkosten macht es wenig Sinn, ganze Tiere zu importieren. Die Hauptexportländer sind Brasilien und Thailand. Aber es gibt auch den Handel mit Geflügelfleisch innerhalb der EU, insbesondere mit Truthähnen, Enten und Gänsen. Die wichtigsten Lieferanten sind Frankreich, Ungarn und Polen.

Die Europäische Union hat eine Vielzahl von Vorschriften und Normen für die Regulierung geschaffen. Diese reichen von

Produktionsvorgaben im Rahmen der Vermarktungsnormen, Hygienestandards, Rückstandsanforderungen, Tiergesundheitsvorschriften bis hin zur Rückverfolgbarkeit und Herkunftssicherung entlang der gesamten Prozesskette.

Dies erschwert die Handelsbeziehungen mit vielen Ländern. Viele haben keinen Zugang zur EU, weil die Anforderungen nicht erfüllt oder umgesetzt werden können. Dennoch ist der Handel mit Geflügelfleisch und anderen Produkten nach wie vor von großem Interesse. WTO-Abkommen oder Freihandelsabkommen mit Drittländern sollen den Zugang zur EU erleichtern. Daraus ergibt sich eine Vielzahl von Vereinbarungen und Kontingenten. Ziel dieser Verordnungen ist es, den Zugang zur Europäischen Gemeinschaft zu harmonisieren, aber auch zu kontrollieren. Dies wird durch niedrigere Zölle bis zum Zollsatz Null erreicht (z.B. das sogenannte Ölsaatenpanel für entbeintes Geflügelfleisch aus Brasilien und Thailand sowie anderen Drittländern).

Es ging primär darum, den Handel mit Geflügelfleisch zu liberalisieren, also den Abbau von Beschränkungen, Entfall von Zöllen und Zusatzzöllen, also der Beseitigung von tarifären und nicht tarifären Einfuhrbeschränkungen, um nur einige zu benennen. Dafür einige Beispiele:

WTO – Welthandelsorganisation mit Sitz in Genf.

Ziel war Senkung der Zölle, Abbau der mengenmäßigen Beschränkungen für Ein- und Ausfuhren. Sie wurde am 15. April 1994 aus dem GATT [60] – Allgemeines Zoll- und Handelsabkommen in der sogenannten Uruguay-Runde – gegründet. Die WTO [61] ist eine der wichtigsten internationalen Organisationen, die globale Handels- und Wirtschaftspolitiken verhandelt.

---

60 https://wirtschaftslexikon.gabler.de/definition/gatt-35544
61 https://www.wto.org/index.htm

Dazu zählen auch der Internationaler Währungsfonds – IWF [62], die Aktivitäten der Weltbank (World Bank, Washington).

TIPP – Transatlantische Handels- und Investitionspartnerschaft [63] (EU-USA)

Ziel der Verhandlungsparteien ist es, tarifäre und nicht tarifäre Handelshemmnisse zwischen den USA und der EU zu beseitigen.

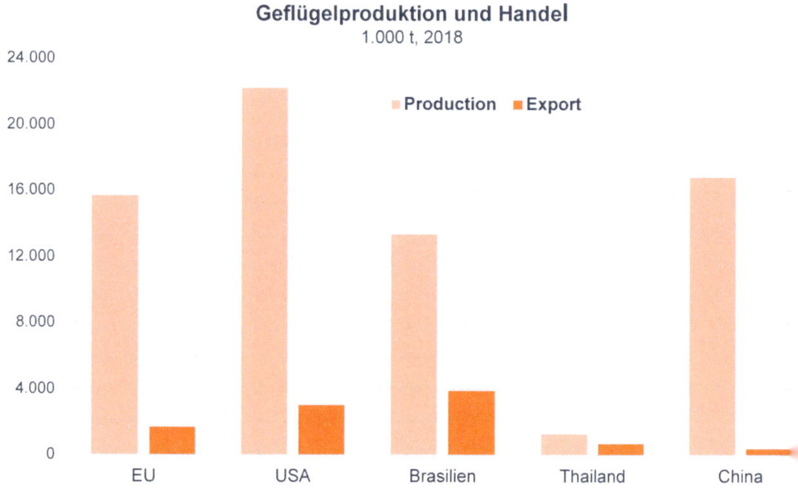

Quelle: EMA, MEG, eigene Recherche, CD Consulting gUG, 2020

62 https://www.bpb.de/politik/wirtschaft/finanzmaerkte/55457/iwf-und-weltbank

63 https://ec.europa.eu/trade/policy/in-focus/ttip/index_de.htm

Ölsaatenpanel – Die Gemeinsame Marktorganisation [64] (GMO) für Ölsaaten wurde 1991 reformiert. Die Produktionsbeihilfe wurde durch Direktzahlungen an die Landwirte ersetzt. Die Höhe der Zahlungen richtet sich nach der für die Ölsaatenproduktion genutzten Fläche und dem historischen Durchschnittsertrag der jeweiligen Region.

Daraus ergibt sich das zollfreie Kontingent für entbeintes Geflügelfleisch, insbesondere aus Brasilien und Thailand.

Schwellenpreise – Marktpreise, zu denen landwirtschaftliche Erzeugnisse in die Europäische Union eingeführt werden dürfen. Die Preise für landwirtschaftliche Erzeugnisse unterhalb der Schwellenpreise sind so viel höher, dass sie aufgrund von Abgaben und Zöllen den Schwellenpreis erreichen. Sehr theoretischer Ansatz, aber effizient.

US-Strafzölle – US-Präsident Trump meint es ernst mit den Strafzöllen und Importrestriktionen. Das ist nichts Neues, denn 2002 hatte George W. Bush die gleiche Idee. Um den angeschlagenen Stahlsektor der allgemein schwächelnden US-Industrie zu schützen, verhängte er Zuschläge von 8 bis 30 Prozent auf Importe. Die EU und andere Länder reichten unverzüglich eine Beschwerde bei der Welthandelsorganisation (WTO) ein und drohten, auch US-Produkte zu sanktionieren. Danach hoben die USA die Handelsbeschränkungen auf.

Die Importquoten der Europäischen Union für Geflügelfleisch liegen derzeit bei knapp 0,9 Millionen Tonnen. Es gibt verschiedene Quotenregelungen, die von Null bis zu reduzierten Zöllen reichen. Von besonderem Interesse sind die Importe von gesalzenem Geflügelfleisch und Zubereitungen (gewürzt, gekocht). Das Volumen beträgt nun 0,7 Millionen Tonnen. Das Fleisch

64 https://ec.europa.eu/info/food-farming-fisheries/key-policies/common-agricultural-policy/cap-glance_de

ist nicht für den direkten Verzehr geeignet, sondern nur für die Weiterverarbeitung. Für diese Herkünfte gilt ein fester Zollsatz, sodass keine Risiken aus Schwellenpreisen oder Zusatzabgaben bestehen. Im Falle von gesalzenem Geflügelfleisch hat die Kommission in Brüssel viele Vorkehrungen zur Verringerung der Importe getroffen, sodass letztendlich eine Verschärfung der Einfuhrbestimmungen erfolgte.

Vorschriften und Normen – In allen Bereichen der Tierveredelung gibt es Normen für Produktion und Vermarktung. Diese können auch das Importgeschäft einschränken. Anfang der 1960er-Jahre gab es weder die EU (1967 noch EG) noch eine nennenswerte Produktion von Geflügelfleisch. Damals importierte Deutschland Masthähnchen aus den USA. Dieser Handel ist jedoch zum Erliegen gekommen. Der Grund: unterschiedliche Hygieneanforderungen. Die US-amerikanische Geflügelindustrie verwendet Chlor zur Reduzierung von Mikroorganismen, was nach den EU-Vorschriften nicht zulässig ist. Aber auch die Haltungsanforderungen haben einen großen Einfluss. So müssen beispielsweise Eier aus Drittländern, die nicht den EU-Anforderungen entsprechen, als „nicht EU-konform" deklariert werden. Auf diese Weise angebotene Produkte dürfen nicht im Lebensmittelhandel vermarktet werden. Obwohl die USA ein Kontingent mit reduzierten Zöllen für die Lieferung von Geflügel und Eiern in die EU haben, ist der Export aufgrund unterschiedlicher Hygieneanforderungen und Vermarktungsstandards schwierig.

Dies gilt auch für andere Produkte, wie z. B. Kaninchen aus China. Diese dürfen in Deutschland nur dann im Lebensmitteleinzelhandel verkauft werden, wenn sie nicht in kleinen Käfigen gehalten werden.

Aber das ist nur ein Teil der Verordnung:
Insgesamt führen die verbesserten Standortbedingungen zu Produktionskosten, die bis zu einem Drittel unter dem EU-Durchschnitt liegen, wie das Beispiel Brasilien zeigt. Im Laufe der Jahre

hat die EU-Kommission daher eine Vielzahl von Verordnungen erlassen, um die Wettbewerbsvorteile gegenüber den EU-Landwirten auszugleichen.

Das Grundprinzip basiert auf Schwellenpreisen (theoretische Produktionskosten auf der Grundlage von Erhebungen Ende der 80er-Jahre) und zusätzlichen Zöllen, auch bekannt als Strafzölle, für Einfuhren aus Drittländern. Die Schwellenpreise sind nicht mehr aktuell. Die Produktivität hat sich durch Zuchterfolge deutlich verbessert. Die Tiere erreichen ein früheres Schlachtalter oder Schlachtkörpergewicht und haben eine bessere Futterverwertung. Neue Normen im Bereich der Geräte- und Schlachttechnik führen zu einer weiteren Effizienzsteigerung. Dennoch hält sich die Kommission an überholte Schwellenpreise, letztendlich zum Schutz der EU-Erzeuger.

Dieses Verfahren steht jedoch im Widerspruch zum GATT (Allgemeines Zoll- und Handelsabkommen)/WTO-Abkommen und den Zielen der Freihandelsabkommen mit den Mercosur-Ländern. Dennoch bleibt die EU bei ihrem Ansatz. Die Ausfuhrerstattungen für Lieferungen in Drittländer wurden jedoch abgeschafft.

Krisenmanagement

Nicht nur im Bereich Eier gab es Probleme mit Rückständen, Krisen und daraus resultierende Skandale. 2002 stand der Bereich Geflügelfleisch mit Rückständen, insbesondere aus Brasilien und Thailand, in der Kritik. Betroffen waren Lieferungen von Geflügel- und Kaninchenfleisch aus China, verursacht durch den verbotenen Einsatz von Nitrofuran. Die Anwendung von Nitrofuranen bei Tieren, die für den Lebensmittelmarkt erzeugt werden, wurde von der EU bereits im Jahr 1993 bzw. 1995 verboten. Die Nitrofurane können entsprechend ihrer

Wirkungsweise in Antibiotika und Mikroantibiotika unterschieden werden. Dies haben sich leider Produktionsbetriebe, u.a. in Brasilien und Thailand, zunutze gemacht, offensichtlich wissend, dass sich der Nachweis schwierig gestaltet und zeitaufwendig war. Insbesondere das seinerzeit nachgewiesene Nitrofurazon, war für das Verbot maßgeblich. Aufgrund dieser Charakterisierung sollten prinzipiell in Lebensmitteln keine nachgewiesenen Rückstände von Nitrofuranen geduldet werden. Dabei sind für die Überwachung ausreichend empfindliche Nachweismethoden zu verwenden.

Die Vorgehensweise blieb über lange Zeit unentdeckt, bis im Rahmen einer obligatorischen Überprüfung durch die Behörden an den Grenzkontrollstellen Rückstände in den Produkten nachgewiesen werden konnten. Es war reiner Zufall, denn bisher standen zwar Nitrofurane, aber nicht deren Metaboliten, die damals nur schwer nachgewiesen werden konnten, im Screening.

Die Einfuhr von Geflügelprodukten aus diesen Ländern stand danach unter strenger Kontrolle. Die Überwachungsbehörden führten systematische Überprüfungen durch, erst bei einem negativen Ergebnis wurde die Lieferung für die Einfuhr und das Inverkehrbringen freigegeben. Das führte zu erheblichen Einschränkungen des Warenverkehrs mit Drittländern. Deshalb wurden die Kontrollen auf verbotene Rückstände bereits im Ursprungsland vorgenommen. Es ist den seinerzeitigen Bemühungen des Verbands in Zusammenarbeit mit den Kontrollbehörden zu verdanken, dass dieser Weg erfolgreich beschritten wurde. Ansonsten wäre der Handel mit Geflügelfleisch zum Erliegen gekommen.

Schon in den Jahren zuvor, gleich zu Beginn meiner Tätigkeit bei den Verbänden, gab es Probleme mit Rückständen, vor allem Antibiotika. Das betraf nicht nur Geflügelfleisch, sondern vor allem Kaninchen aus China. Der Nachweis führte dazu, dass der Import zum Erliegen kam. Auch der Handel mit Wildfleisch stoppte, hier gab es zwar keine Nachweise von

Antibiotikarückständen und anderen nicht zugelassenen Stoffen, doch wurde die Deklaration und Herkunft in der Kennzeichnung „sehr großzügig" ausgelobt. Es war nicht immer das, was auf den Papieren stand, sondern auch Produkte, die für den menschlichen Verzehr in Deutschland nicht zugelassen waren, um es sehr vorsichtig auszudrücken.

Der Handel mit Fleisch von Wildschweinen stand ebenfalls in der Kritik. Die gesetzlich vorgeschriebene Untersuchung auf Trichinen wurde nicht konsequent vorgenommen. Das belegten auch die Zahlen des Statistischen Bundesamtes, woraufhin auch für diesen Bereich zusätzliche Kontrollen eingeführt werden mussten. Ein anderes Problem war seinerzeit das sogenannte australische Wildschwein. Es handelte sich nicht um Wildschweine im klassischen Sinn, sondern um verwilderte Hausschweine. Das führte zu einer juristischen Auseinandersetzung und konnte nur über eine gesonderte Auslobung geklärt werden. Es handelte sich nicht um Qualitätsprobleme, sondern aus Sicht der Behörden um irreführende Kennzeichnungsvorgaben gegenüber dem Verbraucher.

Die erstmals große Ausbreitung der Viruserkrankung durch das Influenza-A-Virus H5N1 (Vogelgrippe) hatte 2002 gravierende Folgen für die Eier -und Geflügelwirtschaft. Betroffen waren Betrieben in ganz Europa. Allein in den Niederlanden mussten 50% aller Geflügelbestände gekeult werden. Das hatte auch katastrophale Auswirkungen auf das Marktgeschehen. Der Verkauf von Geflügelfleisch ging drastisch zurück, während es bei Schaleneiern interessanterweise keine so deutlichen Einbußen gab. Für die Geflügelhalter stand die Existenz auf dem Spiel. Denn nicht nur der Inlandsabsatz ging stark zurück, sondern auch der wichtige Export dieser Produkte. Die abnehmenden Länder verhängten über einen längeren Zeitraum Importverbote.

Rückverfolgung

Herkunftssicherung und Rückverfolgung spielten in den 90er-Jahren noch keine besondere Rolle. Anhand der Lieferpapiere konnte der Ursprung nachgewiesen werden. Das sollte sich mit der neuen EU-Verordnung 178/2002 gravierend ändern. Lebensmittel, die innerhalb der EU in Verkehr gebracht wurden, unterlagen den neuen Vorgaben. Im Bereich KAT hatte ich bereits hinreichende Erfahrungen, für Geflügel war das neu, was aber vom Vorstand und Mitgliederkreis offenbar ein nicht zu lösendes Problem darstellte. Umgesetzt wurden die Vorgaben dennoch, und die Herkunftssicherung und Rückverfolgung brachte Vertrauensvorsprung, insbesondere, wenn aufgrund von Rückständen oder anderer Probleme Rückrufaktionen vorgenommen werden mussten.

Neben der Rückverfolgbarkeit haben auch andere Aspekte an Bedeutung gewonnen. Dazu gehören Nachhaltigkeit, faire Preise und vor allem Tierschutz.

Nachstehend die wichtigen Vorgaben:

- Rückverfolgbarkeit
- Lieferkette
- Lebensmittelsicherheit
- Nachhaltigkeit
- Carbon-Lebensmitteldruck
- Faire Preise
- Tierwohl und Tierschutz

Definitionen und Regeln

Die wichtigsten Anforderungen sind im Folgenden aufgeführt:

- Schwellenpreise
- Zoll, zusätzliche Zölle
- Schutzsysteme
- Rückerstattungen
- Ölsaatentafel
- WTO/GATT- Regelungen
- Minimaler Zugriff
- TIPP
- Panel Brasilien/USA
- Freihandelsabkommen (FHA)
- Gemeinsame Agrarpolitik (GAP)

Neben den marketingrelevanten Anforderungen gibt es weitere Kriterien:

Die EU-Kommission hatte ein kompliziertes Regelwerk zum Schutz der Landwirtschaft geschaffen. Zölle auf Einfuhren aus Drittländern führten zu Marktbeschränkungen, sollen aber in Wirklichkeit die im Vergleich zur EU oft deutlich niedrigeren Produktionskosten ausgleichen. Tatsächlich sind die Produktionskosten für tierische Veredelungsprodukte in Südamerika oder Thailand und vielen anderen Ländern deutlich niedriger. So müssen beispielsweise keine Rohstoffkomponenten für die Tierverarbeitung, wie Getreide oder Soja, importiert werden. Darüber hinaus sind die Rahmenbedingungen durch niedrigere Löhne, Baukosten und Einrichtungen, Anforderungen an die Arbeitsbedingungen und weniger strenge Anforderungen an die Einhaltung von Umwelt- und Tierschutzanforderungen besser.

Für die Erhebung der Einfuhrzölle wurden 1995 Schwellenpreise, theoretische Produktionskosten für alle tierischen Erzeugnisse festgelegt und seitdem nicht mehr angepasst. Hinzu kamen Zusatzzölle, um auf diese Weise unterschiedliche

Rahmenbedingungen auf den Weltmärkten zu berücksichtigen. Es handelte sich um ein sehr kompliziertes Verfahren. Die EU-Kommission versuchte immer wieder neue Handelsbeschränkungen aufzubauen, um den eigenen Markt vor Billigimporten zu schützen. Das widersprach dem GATT-Abkommen, und die maßgeblichen Exporte reagierten zu Recht mit Panelverfahren. Die Verbandsarbeit stand damit vor neuen Herausforderungen, einerseits, zwischen den Parteien mit Lösungsvorschlägen zu vermitteln, andererseits, das sich ständig ändernde Prozedere zu erklären. Es ging um sehr viel Geld, von dem beide Seiten, Ex- und Importeure, profitieren wollten.

Die Importquoten der Europäischen Union liegen (Stand 2018) bei knapp 0,9 Millionen Tonnen. Es gibt unterschiedliche Quotenregelungen, die von Null bis zu reduzierten Zöllen reichen. Von besonderem Interesse sind die Importe von gesalzenem Geflügelfleisch und Zubereitungen (gewürzt, gekocht). Die Menge beträgt derzeit 0,7 Mio. Tonnen. Das Fleisch ist nicht für den direkten Verzehr geeignet, sodass die Importe nur zur Weiterverarbeitung geeignet sind. Die Lieferungen unterliegen einem festen Zollsatz, sodass es keine Risiken durch Schwellenpreise und Zusatzzölle gibt. Bei gesalzenem Geflügelfleisch hat die Kommission in Brüssel für viele Absprachen zur Reduzierung der Importe gesorgt, sodass letztlich ein Kontingent geschaffen wurde. Mit dem Zolltarif für Pökelfleisch haben die Importeure eine Lücke im Zolltarif gefunden, um das Importgeschäft zu günstigeren Konditionen abzuwickeln.

Importe von Geflügelfleisch aus Drittländern, 2018

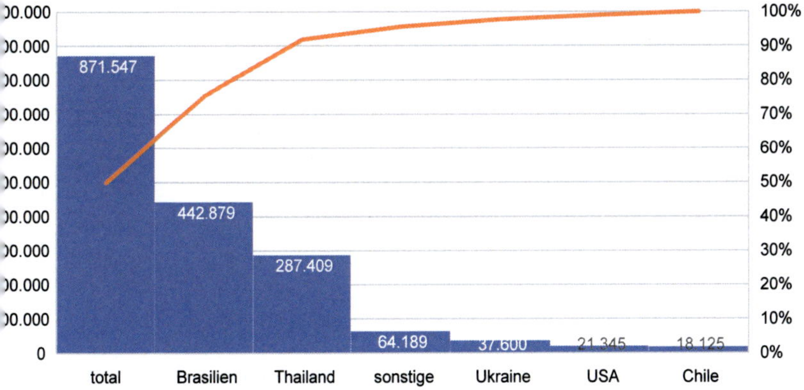

uelle: EU-Kommission, eigene Erhebungen, 2018

Die vorstehende Grafik verweist auf die jeweiligen Lieferländer im Bereich Geflügel. Brasilien und Thailand sind die wichtigsten Player. Hier bestand ein sehr großes Produktionspotenzial, und es ist nachvollziehbar, dass die Verbandsvertreter ein großes Interesse hatten, über den Verband Einfluss zu nehmen, denn es ging auch um sehr viel Geld, das bedingt durch niedrige oder keine Zölle bei der Einfuhr erzielt werden konnte.

Um in den Genuss dieser Vergünstigungen zu kommen, mussten Handelsbeziehungen und bestimmte Mengen an Importen oder Exporten nachgewiesen werden. Das sog. Ölsaatenpanel mit einigen tausend Tonnen hochwertigem Geflügelfleisch zum Zollsatz Null oder gesalzenem Fleisch und Zubereitungen mit stark reduziertem Zoll war insofern eine Herausforderung für die Unternehmen. Deshalb wurden sehr viele Unterfirmen, 100 und mehr, gegründet, um eine Berechtigung zur Lizenzbeantragung zu erhalten. Die Zuteilungsquoten lagen zum Teil unter 1 % der beantragten Menge, sodass man schon von einem Schubkarrenkontingent sprach. Es ging um viele Millionen Euro. Mit vielen Unterfirmen ließ sich allerdings der eine oder andere Container füllen, um ein großes Stück vom Kuchen zu bekommen. Das führte zwangsläufig zu einem massiven Wettbewerb und forderte die EU-Kommission zu immer wieder neuen Anpassungen heraus, um das Vorgehen zu verhindern. Für den Verband waren das sehr gute Zeiten, denn nur über die Mitgliedschaft konnte man sich über die ständigen Anpassungen der EU-Kommission informieren. Im Vorfeld Kenntnis über mögliche Änderungen zu erhalten, bedeutete Zusatznutzen und beeinflusste die strategische Ausrichtung in großem Maße. Frühzeitig Informationen zu erhalten, stand für eine erfolgreiche Geschäftsentwicklung und Abgrenzung gegenüber der Konkurrenz.

Saisongeflügel

Der Begriff umfasst Geflügel (Gänse, Enten und Puten), das sich auf die Vermarktung von Oktober bis Dezember, insbesondere zu Weihnachten, konzentriert. Enten sind inzwischen auch ganzjährig verfügbar. Der Handel mit Enten und Gänsen war für viele Mitgliedsbetriebe ein wichtiger Bestandteil. Vor allem zu den Weihnachtsfeiertagen wurde das Geflügel stark nachgefragt und unter dem Begriff Saisongeflügel etabliert. Aus deutscher Erzeugung stammten nur etwa 10% der Gänse, bei Enten und insbesondere Puten ist der Anteil jedoch deutlich höher. Zur Sicherstellung des Bedarfs ist der Markt nach wie vor auf Lieferungen aus anderen Ländern angewiesen. Hauptanbieterländer sind Ungarn, Polen und Rumänien. Es handelte sich um ein sehr einträgliches Geschäft und wurde in der Verbandsarbeit hoch angesiedelt. Außerdem gab es aufgrund der damaligen Beitrittsverhandlungen zur Europäischen Union Kontingente mit deutlich reduzierten Zöllen, zuletzt um 80%. Der Zugang zum europäischen Markt sollte damit erleichtert werden. Deshalb konnten die Produzenten von Enten und Gänsen mit preiswerter Ware aufwarten, was den deutschen Erzeugern allerdings weniger Freude bereitete. Während hierzulande die Stopfleberproduktion verboten ist und auch der Lebendrupf gegen

Vorgaben des Tierschutzgesetzes verstößt, ist das in den osteuropäischen Ländern gängige Praxis. Damit konnte in der Gänseproduktion ein mehrfacher Nutzen erreicht werden, der teilweise sogar so weit ging, dass der Verkauf von Fleisch an zweiter Stelle stand. Während Gänse fast ausschließlich zu hohen Feiertagen abgesetzt wurden, entwickelte sich der Absatz von Entenfleisch kontinuierlich. Neben den osteuropäischen Ländern gab es hier auch Herkunft aus dem Vereinigten Königreich, Frankreich und vor allem China, mit der sogenannten Peking-Ente.

Die Produktionspraktiken außerhalb Deutschlands führten zwangsläufig zu einer massiven Kritik der Tierschutzorganisationen. Das hatte Auswirkungen auf den Verkauf, insbesondere von Gänseteilen im Lebensmitteleinzelhandel, denn diese stammten überwiegend aus der Stopfleberproduktion. Es kam zu Umsatzverlusten und Preisverfall. Es musste gegengesteuert werden, um den Markt wieder zu stabilisieren. Was war die Idee?

Unter dem Dach der gemeinsamen Geschäftsstelle EPEGA war die Gütergemeinschaft Ernährung GmbH (GGE) angesiedelt. Vertreter des Handels hatten Mitte 2008 die Qualitätsgemeinschaft Saisongeflügel [65] ins Leben gerufen und strenge Kriterien für die Aufzucht und Mast von Gänsen und Enten verabschiedet. Das neue Herkunftssicherungsprogramm stand für ein einzigartiges, geschlossenes Qualitätssicherungssystem, welches seitens der Wirtschaft, der Wissenschaft und dem Tierschutz Zustimmung fand. Das Prinzip der damaligen GGE basiert auf einem strengen Pflichtenheft, nach dessen Richtlinien die Züchter/Mäster ihre Gänse und Enten erzeugen. Inwieweit das System heute noch relevant ist, entzieht sich meiner Kenntnis. Die Vorgaben stammen aus 2008 und waren zu der Zeit eine echte Herausforderung für die Geschäftsstelle.

---

65 https://www.dgs-magazin.de/Aktuelles/News/Saisongefluegel-In-200910-kein-Fleisch-aus-Stopfleber-Produktion,QUlEPTg2NTM2MyZNSUQ9NDYyNw.html

Konkrete Vorgaben für die Erzeugung von Saisongeflügel beginnen bei der Aufzucht und Haltung der Tiere und begleiten die Produktion bis zum Verkauf (Frisch- und TK- Ware) und der Teilstücke. Ziel der Initiative war, eine EU-weit einheitliche Produktion von Saisongeflügelfleisch zu erreichen und damit auch eine eindeutige Abgrenzung zur Stopfleberproduktion zu finden. Die angeschlossenen Betriebe sollten sich zu einer Produktion aus „stopfleberfreien Beständen" verpflichten.

Des Weiteren umfasste der Kriterienkatalog neben den gesetzlichen Anforderungen zur Produktion, Weiterverarbeitung und Vermarktung auch eine konsequente Qualitätssicherungs- und Rückverfolgbarkeit entlang der gesamten Prozesskette. Zur Absicherung sollte die Einbeziehung eines Systems zur Herkunftssicherung stehen, basierend auf einer chargenbezogenen Erfassung und Rückverfolgbarkeit und der Verifizierung der Daten und Vorgaben durch entsprechende neue Kontrollmechanismen.

Der Geltungsbereich umfasste die Aufzucht und Mast von Enten und Gänsen, unabhängig von der Betriebsgröße und Herkunft. Damit sollten vor allem auch Produzenten außerhalb Deutschlands einbezogen werden. Vor allem Ungarn und Polen waren die wichtigsten Anbieter. Der Grundsatz beruhte darauf, Vertrauen auf allen Vermarktungsstufen zu schaffen, um den Absatz sicherzustellen. In der Vergangenheit hat es immer wieder Zweifel an den Produktionsmethoden gegeben, Stoffleber war die Hauptursache.

Zur Umsetzung dieser hohen Anforderungen wurde der Versuch unternommen, die großen Produzenten in den osteuropäischen Ländern davon zu überzeugen, dass dies der richtige Weg für eine künftig abgesicherte Produktion darstellt. Aber auch in Deutschland sollte der Leitfaden Gültigkeit haben. Widerspruch stellte sich sowohl im Ausland als auch im Inland ein. Einerseits waren die Vorgaben in Bezug auf den Verzicht von Stopfleber zu hoch, andererseits gab es Bedenken hinsichtlich der chargenbezogenen Herkunftssicherung und Rückverfolgung. Kritik gab es auch seitens der Verbandsmitglieder, die mit den althergebrachten Traditionen und Geschäftspraktiken nicht brechen wollten. Es ging um ein lukratives Geschäft, das über viele Jahre aufgebaut wurde, und die Initiative der Gütergemeinschaft Ernährung hätte das letztendlich zu Fall gebracht. Die Mitgliedsbetriebe des Verbandes äußerten große Bedenken. Durch den Rückhalt seitens der Handelsunternehmen konnte ich mich am Ende behaupten.

Letztendlich ist das Projekt gescheitert. Die Grundzüge zur Qualitätssicherung und Vorgaben einer guten Hygienepraxis bestehen allerdings nach wie vor. So hat die Initiative immerhin zu einem Ergebnis geführt, wenn auch nicht das, was eigentlich erreicht werden sollte. Auf die seinerzeit gemachten Erfahrungen möchte ich allerdings nicht verzichten. Es gab die Gelegenheit, die Betriebe im In- und Ausland aufzusuchen, um sich einen Eindruck über die örtlichen Gegebenheiten zu verschaffen. Auch China und Thailand gehörten dazu. Die Qualität und Hygieneanforderungen sind mit denen in Deutschland bzw. Europa vergleichbar, denn es handelt sich um EU-zugelassene Produktionsstätten, welche die strengen Anforderungen ebenso erfüllen müssen. Über die Aufzucht konnte ich mir allerdings kein Bild verschaffen, sodass hierüber keine Beurteilung erfolgt, da ich aber die Gegebenheiten aufgrund anderer Aktivitäten kenne und Audits über eine Zertifizierungsstelle durchgeführt habe, ist der Standard mit den Vorgaben hierzulande eher nicht vergleichbar. Aber auch hier gilt der Grundsatz, dass eine erfolgreiche Aufzucht nur dann möglich ist, wenn bestimmte Kriterien eingehalten werden, und dazu zählt auch das Tierwohl.

Heute hat sich am Markt für Saisongeflügel nicht viel geändert. Erzeugnisse aus heimischer Produktion sind erheblich teurer, denn es findet keine Zwangsmast statt, es steht Auslauf zur Verfügung, und die Tiere haben ein langsames Wachstum, was der Fleischqualität natürlich zugutekommt. Die Preise liegen jedoch auf einem im Vergleich zur Importware erheblich höheren Niveau. Enten und Gänse aus den osteuropäischen Ländern sind jedoch nicht schlechter. Die intensivere und damit schnellere Aufzucht reduziert die Kosten, sodass die Produkte preiswerter am Markt angeboten werden können. Hinzu kommt möglicherweise auch eine Nutzung durch das Lebendrupfen oder die Stopfleberproduktion, die in diesen Ländern Tradition hat. Dennoch ist gegen die Qualität der Erzeugnisse nichts einzuwenden.

Interessanterweise hat sich die Tierschutzorganisation Vier Pfoten vor einigen Jahren mit dem Thema Gänse und Enten in den osteuropäischen Ländern befasst. Die Produktionsbetriebe wurden aufgesucht und auf Einhaltung der eigens festgesetzten Kriterien überprüft. Inhaltlich waren das die Vorgaben der EPEGA. Damit sollte sichergestellt werden, dass das Tierwohl Bestand hat. Inwieweit Kontrollen stattfinden, lässt sich nicht nachvollziehen. Meines Wissens gibt es keine Mengenflusskontrolle, wohl aber müssen die Betriebe dafür ein bestimmtes Entgelt für die Zulassung entrichten. Das ist ein Beweis dafür, dass NGOs durchaus Einfluss auf Wirtschaftsunternehmen ausüben können.

Strategien weltweit

Meine Tätigkeit in den Verbänden begann ursprünglich extrem bescheiden. Reisen standen nicht auf der Tagesordnung. Dank guter Kontakte aus der vorherigen Berufstätigkeit verfügte ich zu der Zeit bereits über ein gutes Netzwerk. Damit konnte ich die Mitgliedsbetriebe frühzeitig über Neuerungen oder angedachte Änderungen im Bereich der Gesetzgebung in Kenntnis setzen. Die Erkenntnis hat dazu beigetragen, Interesse zu wecken. Die schnelle Verbreitung von Informationen über moderne Kommunikationsmedien leistete einen wichtigen Beitrag.

Ich hatte Gelegenheit, im Rahmen von Vortragsveranstaltungen die Ideen und Gedanken den Verbänden in Bezug auf Lobbyarbeit, aber auch wichtige Themen wie Herkunftssicherung und Rückverfolgung im Bereich Lebensmittel plausibel zu präsentieren. Oft stieß das auf Unverständnis, denn der kommerzielle Gedanke für mehr Umsatz und Gewinn stand im Vordergrund.

Der Bekanntheitsgrad der Verbände stieg. Das hatte den Vorteil, Zugang zu anderen Organisationen zu bekommen, der sonst nicht möglich gewesen wäre, wie zum Beispiel der Sitz im beratenden Ausschuss der EU-Kommission für Eier und Geflügel. Das erwies sich als vorteilhaft. Grundlege Entscheidungen wurden nicht getroffen, sondern nur über Diskussionen und Vorschläge verhandelt, Kontakte zu den verantwortlichen Mitarbeitern der Kommission waren entscheidend. Das wurde von mir und auch den Vorstandsmitgliedern intensiv genutzt. Es galt, den Standpunkt und die Interessen der Unternehmen des Handels mit Eiern und Geflügelfleisch zu vermitteln. Anhörungen über Änderungen der Marktorganisation oder gesetzlicher Rahmenbedingungen finden mit den Vertretern der unterschiedlichen Branchen obligatorisch statt, da sich die Behördenvertreter ein objektives Bild verschaffen wollen. In erster Linie ging es darum, Lösungsansätze zu vermitteln. Deutschland hatte einen relativ hohen Einfuhrbedarf an Geflügelfleisch aus anderen Ländern. Das wurde vor allem im Rahmen durch den erleichterten Zugang über Kontingente geregelt, die von der EU-Kommission verwaltet wurden. Das GATT-Abkommen ist hierfür ein Beispiel, aber auch die Freihandelsabkommen mit vielen Ländern bedurften der Erklärung. Für die Mitarbeiter der EU-Kommission war es wiederum wichtig, sich Informationen über die Marktsituation und den sich daraus ergebenden wirtschaftlichen Konsequenzen zu verschaffen. Das ist und war klassische Verbandsarbeit, wie sie auch von den anderen Organisationen ausgeübt wurde. Damit erweiterte sich der Aktionsradius.

Weitere Mitgliedschaften bestanden zu Global G.A.P., dem weltweiten Standard für eine gute Agrarpraxis. Es gab schon immer ein gutes Einvernehmen mit der Geschäftsführung, und es wurden zu Zeiten des Aufbaus Strategien entwickelt, die eine

Optimierung der Qualitätssicherungssysteme zum Ziel hatten. Dazu gehörten auch der Aufbau einer Datenbank, die Implementierung weiterer Standards und Vorgaben der guten Hygienepraxis. Auf diese Weise sollten Kontakte zu anderen Ländern hergestellt werden, weitere Mitgliedsbetriebe zu gewinnen, den Bereich Futtermittel einzubeziehen.

Global G.A.P. ist vom Ursprung her eine Institution, die im Bereich Obst und Gemüse auf Produktionsebene angesiedelt ist. Der Getreideanbau passte dazu, die tierische Produktion war jedoch nicht Bestandteil der Initiative. Aus diesem Grunde war es naheliegend, landwirtschaftliche Betriebe in anderen Ländern zu gewinnen, was vor allem für KAT und die Gütegemeinschaften der EPEGA von Bedeutung war. Deutschland kann den Bedarf an Mischfutter-Mitteln allein nicht decken und führt in hohem Maße Getreide und insbesondere Eiweißprodukte aus anderen Ländern ein. Hier hatte es in der Vergangenheit immer wieder Probleme mit Rückständen gegeben, beispielsweise dioxinhaltigen Mais aus der Ukraine oder andere Probleme mit Pestiziden und Fungiziden oder Schwermetalle. Deshalb wäre die Einbindung der Getreideanbaubetriebe sicherlich eine gute Lösung gewesen, denn man hätte im Vorfeld Kontrollen durchführen können, um später keine Verunreinigungen im Futter feststellen zu können. Es gab also viele Gemeinsamkeiten, die aber nicht umgesetzt werden konnten.

Vorträge und Veranstaltungen

Zur Verbandsarbeit gehörte es auch, die strategische Ausrichtung und Zusammenarbeit mit anderen Verbänden zu forcieren. Damit ergab sich auch die Möglichkeit, Vorträge über den Handel mit Geflügelfleisch zu halten. Zum einen sollte das Interesse wecken, zum anderen aber auch dazu beitragen, dass die Standards, die für die Einfuhr nach EU Ländern Vorgabe waren, in den Produktionsländern vermittelt wurden.

Eine große Veranstaltung der südamerikanischen Geflügelwirtschaft fand 2006 in Sao Paulo statt. Gemeinsam mit einem Vertreter der europäischen Kommission, der unter anderem auch für die Handelsbeziehungen mit Drittländern zuständig war, konnte ich die Interessen der deutschen Importeure vermitteln. Dazu gehörten auch Vorgaben im Bereich Tierschutz, der Herkunftssicherung und Rückverfolgung bei Beanstandungen oder Rückständen. Außerdem sollte auf den Einsatz von genmanipuliertem Soja verzichtet werden. Unter diesen Vorgaben ergaben sich lebhafte Diskussionen, dennoch konnte ein positiver Eindruck vermittelt werden. Brasilien ist einer der größten Lieferanten von Soja.

Die Weltgesundheitsorganisation OIE führte 2009 eine internationale Konferenz in Buenos Aires durch. Zum Teilnehmerkreis der Konferenz zählten Wissenschaftler aus aller Welt. Im Mittelpunkt stand die Herkunftssicherung und Rückverfolgung von tierischen Erzeugnissen. Die Teilnahme ermöglichte viele Kontakte, die sich für die Verbandsarbeit als wertvoll erwiesen.

Eine der weltgrößten Geflügelmessen findet jährlich in Atlanta, US-Bundesstaat Georgia, statt, die ich regelmäßig besuchte. Es galt, neue Produktionstechniken kennen-zu-lernen, aber auch hier ging es um Kontakte und Netzwerk. Am Rande der Messe wurden wissenschaftliche Vorträge und Seminare abgehalten, die neue Produktionstechniken, Vorgaben für Lebensmittelsicherheit, Tierseuchen und Tierschutz zum Inhalt hatten.

Vorträge und Veranstaltungen gab es in vielen weiteren Ländern und auch in den EU-Ländern. Auch hier ging es darum, die Verbandsarbeit darzustellen, in Bezug auf Qualitätsstandards und Vorgaben, für den Handel mit Geflügelfleisch und Wild.

Dazu gehörten weltweit viele Veranstaltungen, u. a. in China, Russland, Thailand, Südafrika und Ländern, die für den deutschen Markt und damit für den Verband von Bedeutung waren. Bei der Einladung einer großen Veranstaltung der chinesischen Geflügelwirtschaft in Beijing stand eine Präsentation über die

Situation der handelsrelevanten Vorgaben für den Warenverkehr auf dem Programm. Alles war gut vorbereitet, doch der Beamer zeigte nur schwarze Bilder, und das vor einem Publikum von 1.000 Teilnehmern. Das erwies sich als eine ganz besondere Herausforderung, die man nicht braucht.

Einer Einladung der IPC in Brasilien, Porto Allegro, folgend, sollte über die Gegebenheiten der Geflügelproduktion in Deutschland und Europa vorgetragen werden. Vor einem Plenum mit weit über 500 Teilnehmern. Die von mir dargestellten Vorgaben in Bezug auf Haltungskriterien und Tierschutz stießen auf Widerspruch und Diskussionen. Es war eine völlig andere Situation, viele Menschen hatten keine ausreichende Versorgung mit Lebensmitteln, und die Ideale, die ich seinerzeit zu vermitteln versuchte, stießen auf Unverständnis. Letztendlich wurde die Frage gestellt, ob ich darüber nachgedacht hätte, dass es auch Menschen gibt, die sich das nicht leisten können und froh wären, wenn sie etwas zu essen hätten. Das war eine interessante Erfahrung und hat zum Nachdenken angeregt. Nicht alles, was wir für richtig und gut halten, lässt sich weltweit vermitteln.

Die Reise von Porto Alegre nach Buenos Aires verlief erstaunlicherweise ohne größere Hindernisse, Verspätungen sind normal, und ich kam sogar überpünktlich an. Allerdings hatte ich die Wartezeiten an den Abfertigungsstellen für die Grenzkontrollen nicht einkalkuliert. Es dauerte Stunden, mit der Folge, dass mein vereinbarter Termin um 16:00 Uhr bei der Kontrollstelle in Buenos Aires nicht eingehalten werden konnte. Der Versuch, den Treffpunkt um 1 Stunde zu verschieben, scheitere. Es war Freitag, und der Geschäftsführer wollte das Büro pünktlich verlassen. Durch die Verspätung war das Treffen geplatzt und im Weiteren auch jedwede Geschäftsbeziehung, an der ich kein Interesse mehr hatte. Immerhin gab es ein wunderschönes Wochenende in Buenos Aires. Es handelte sich um meine erste Reise nach Argentinien, weitere sollten folgen, denn es galt, Betriebe, die den deutschen Markt belieferten, in das Kontrollsystem einzubeziehen.

Weitere Organisationen EPEGA

Innovative Gedanken sind Grundlage für den Aufbau weiterer Geschäftsideen, heute nennt man das Start-up. Das war auch meine Motivation. Eigenständige Gesellschaften bieten Freiraum für wirtschaftliches Handeln. Aus diesem Grunde war ich bestrebt, Start-ups zu gründen, um neue Ideen und Visionen zu verwirklichen.

Schon damals hatten es Verbände und Organisationen schwer, weitere Mitglieder zu gewinnen, um die finanzielle Grundlage abzusichern. Es begann ein Verbandssterben, die geänderte Medien- und Infrastruktur machten es nicht mehr erforderlich, Informationen, die sonst nicht verfügbar waren, an Mitglieder weiterzuleiten. Das war ursprünglich eine wichtige Basis der Verbandsarbeit.

Es war an der Zeit, die Informationspolitik neu zu gestalten, damit die Mitgliedsbetriebe eine Grundlage für die wirtschaftliche Ausrichtung hatten. Neutralität und unabhängige Daten und Fakten waren von besonderer Bedeutung.

Europäische Marketingagentur – EMA

Neben den traditionellen Verbänden wurden als Ideengrundlage weitere Organisationen ins Leben gerufen, die Europäische Marketingagentur GmbH (EMA). Eigentümer war die Gesellschaft für Information und Logistik mbH (GIL). Die Gesellschaft wurde 2009 nach der Liquidation bzw. Auflösung der CMA und der ZMP von der Eier-, Wild- und Geflügelbranche gegründet. Ziel war es zum einen, eine umfassende neutrale Markt- und Preisberichterstattung für die Branche sicherzustellen. Zum anderen sollten Maßnahmen zur Absatzförderung für den Bereich Eier, Wild und Geflügel entwickelt und umgesetzt werden. Dazu wurden von der EMA nationale, europäische und internationale Marktdaten erhoben und regelmäßig an die Mitgliedsbetriebe der Verbände kommuniziert. Das war eine wichtige Grundlage zur Beurteilung der jeweiligen Sitzung und Grundlage für die strategische Ausrichtung und wirtschaftliche Entscheidungen.

Von der EMA wurden Jahrbücher bzw. Marktbilanzen über die Eier-, Wild- und Geflügelmärkte erstellt. Im Rahmen von Newslettern und aktuellen Entwicklungen konnten sich die Betriebe auch online einen Überblick verschaffen. Damit leistete die Gesellschaft einen wichtigen wirtschaftlichen Beitrag für alle Stufen der Nahrungsmittelkette.

Zuständig und verantwortlich war eine frühere Mitarbeiterin der ZMP, die ich noch aus ZMP-Zeiten als Kollegin zu schätzen wusste und für die EMA eingestellt hatte.

Leider wurde die Initiative nach meinem Eintritt in den Ruhestand eingestellt und die Gesellschaft aufgelöst.

Q&S GmbH

Das ist ein besonderes Kapitel der Verbandsära. Ende der Neunziger- Anfang der Zwanzigerjahre war der Fleischmarkt von massiven Problemen geprägt. Vor allem BSE hatte gravierende Auswirkungen auf das Marktgeschehen. Derzeit hatte ich bereits Aktivitäten abseits der Geflügelbranche ins Leben gerufen. Ich hatte wieder nach neuen Herausforderungen gesucht. Dazu zählte damals die Qualitätspartnerschaft Fleisch, die gemeinsam mit anderen Firmen der Fleischindustrie und anderen Organisationen im Bereich der Lebensmittelwirtschaft als GmbH ins Leben gerufen wurde, nach dem Vorbild des KAT-Systems. Auf dieser Grundlage sollte ein Unternehmen für die

Qualität- und Herkunftssicherung für Fleisch und Fleischerzeugnisse aufgebaut werden. Neben der GIL mbH waren ein namhafter Unternehmer der Fleischindustrie und ein wissenschaftlich basiertes Sachverständigeninstitut Gesellschafter, eine neue Erfahrung, aber zugleich auch eine sehr Interessante.

Zu der Zeit gab es plötzlich Probleme, die auch in der Fleischbranche zu einem Umdenken führten. Mit der grassierenden Rinderkrankheit BSE rückte die Herkunftssicherung mehr und mehr in den Vordergrund. Der von mir betreute Verein für kontrollierte alternative Tierhaltungsformen wurde als Beispiel für ein funktionierendes System betrachtet. Daher konnte man sich vorstellen, ein ähnliches System für den Bereich Fleisch aufzubauen. Dafür stand die Qualitätspartnerschaft Fleisch zur Verfügung. Allerdings war die Interessenslage der Verbände, dazu zählten der Deutsche Bauernverband, die CMA, der Raiffeisenverband, die Fleischwirtschaft und Verbände der Fleischindustrie und später auch der Verband der Mischfuttermittelhersteller, eine andere. Es sollte eine Initiative der Landwirtschaft sein, was für den Lebensmittelhandel aber nicht in Betracht kam, schließlich zählte er zu den eigentlichen Betroffenen. Der Absatz bzw. Verkauf von Fleisch gestaltete sich zunehmend schwieriger. Das Vertrauen der Verbraucher schwand zunehmend, und der Verkauf von Rindfleisch ging drastisch zurück. Das vermeintliche Risiko, durch den Verzehr zu erkranken, erschien einfach zu groß. Daraus folgte der Startschuss für die Neugestaltung der Qualitätspartnerschaft Fleisch in die Gründung der Gesellschaft für Qualität und Sicherheit als Garant für Herkunfts- und Qualitätssicherung. Gesellschafter waren die vorgenannten Verbände und Organisationen. Der deutsche Lebensmittelhandel bestand darauf, dass die Geschäftsführung mir obliegt. Seitens der Verbände gab es zwar großen Widerspruch. Ich habe dennoch die Arbeit aufgenommen und die Gesellschaft strukturiert, Mitarbeiter eingestellt und entsprechende Leitfäden für die jeweiligen Produktionsstufen formuliert. Dadurch ist die Geschäftsstelle weiter gewachsen. Heute würde man die Initiative als Start-up bezeichnen.

Nach dem Vorbild KAT stand für mich eine transparente Produktion entlang der gesamten Prozesskette im Vordergrund, eine datenbankbasierte Rückverfolgung analog dem Kontrollsystem KAT. Das konnte und sollte in das seinerzeit von der Bundesanstalt für Landwirtschaft (BLE) [66] und dem Landwirtschaftsministerium entwickelte System der Rindfleisch-Etikettierung implementiert werden und somit Bestandteil einer datenbankgestützten Herkunftssicherung sein. Unterstützung und Zustimmung gab es insbesondere seitens des Lebensmitteleinzelhandels, während die Verbände große Zurückhaltung zeigten. In der Ausgestaltung waren die Diskussionen und Vorgaben von Bestimmungen zur Umsetzung und Durchführung äußerst schwierig.

Die neue Gesellschaft machte Fortschritte. Neben Rindfleisch wurden ansatzweise der Schweinesektor und auch der Bereich Geflügelfleisch mit einbezogen. Auch Eier sollten Bestandteil der Vorgaben werden, zumal hier ein funktionierendes System bestand. Das stand weder in meinem noch im Interesse der KAT-Mitglieder, bis auf den Zentralverband der Deutschen Geflügelwirtschaft, der schon damals alles daran setzte, KAT einzubeziehen. Ich konnte mich erfolgreich gegen eine (feindliche) Übernahme durchsetzen.

Im weiteren Verlauf wurden die Verhandlungen und Gespräche mit den Gesellschaftern der neuen GmbH kontroverser. Ich erinnere mich noch sehr gut an ein Gespräch mit den Akteuren des Deutschen Bauernverbandes und der Fragestellung, was mich dazu motiviert hat, ausländischen Mitbewerbern Zugang zum deutschen Markt zu gewähren. Gemeint waren die niederländischen Eierproduzenten und Vermarkter, die einen relativ hohen Anteil der Lieferungen am deutschen Markt verzeichneten. Die Fragestellung allein war für mich mehr als grenzwertig. Aber

66 https://www.ble.de/DE/Themen/Ernaehrung-Lebensmittel/Rindfleischetikettierung/rindfleischetikettierung_node.html

es zeigte den Grundgedanken der damaligen Lobbyisten. Vom europäischen Gedanken eines freien Wettbewerbs war man weit entfernt. Das hat mich zu der Zeit mehr als irritiert und die Vertrauensbasis geschmälert. Ich war selber Landwirt und Mitglied beim Deutschen Bauernverband. Aufgrund der Aussagen und Erfahrungen habe ich diese umgehend gekündigt, denn das verkörpert in keiner Weise die Interessenslage der Landwirtschaft. Es besteht freier Wettbewerb und Handel, der alle dazu motivieren sollte, sich diesem zu stellen.

Man versuchte mit allen Mitteln, den Ideengeber mit einer stringenten Herkunftssicherung und Rückverfolgung über die gesamte Prozesskette aus dem operativen Bereich herauszunehmen. Die Lobby der Agrarwirtschaft verfügt über ein ausgezeichnetes Netzwerk und Einfluss auf breiter Ebene. Es wurden gezielt zusehends Steine in den Weg gelegt, und man versuchte, Kritikpunkte aufzubauen. Versammlungen der Gesellschafter erwiesen sich als extrem kompliziert, und an sich unbedeutende Positionen wurden über Stunden langwierig diskutiert. Inhaltlich war das zwar absolut ohne Bedeutung, aber es ging darum, Schwachstellen nachzuweisen. Sogar der Vertreter des Lebensmitteleinzelhandels wurde beeinflusst. Die Möglichkeit, als Initiator für die damals anstehende Olympiade vorgeschlagen zu werden, gab den Schlussstrich. Es ist unglaublich, dass Wirtschaftsverbände wie die damalige CMA einen derartigen Einfluss hatte. Noch schlimmer war, dass sich Beteiligte motivieren ließen und sich anschlossen. Es ging dem damaligen Vertreter des Handels nur darum, sich in anderen Tätigkeitsbereichen medienwirksam zu profilieren.

Die Geflügelwirtschaft übte ebenfalls massiven Druck aus, denn ich sollte das Kontrollsystem KAT in die neue QS GmbH integrieren. Es wäre doch viel einfacher und im Interesse einer gemeinsamen Geschäftsstelle effizienter, wenn eine Zusammenlegung erfolgt. Letztendlich wurden die Ziele als gleichrangig bezeichnet. Ich sah das damals völlig anders. Zwischen KAT und QS lagen Welten. Eine Implementierung hätte das Aus für

KAT bedeutet, was sehr im Interesse der Geflügellobby gewesen wäre. Schon damals hat KAT für Aufregung gesorgt, die durch mich veranlassten Kontrollen und strengen Vorgaben zur Eierproduktion passten nicht in das Bild der Erzeugerverbände unter dem Dach des Bauernverbands und Raiffeisen. Es gab zu viele Restriktionen. Während die Verbandslobby umfangreiche Veranstaltungen, Befragungen und Abstimmungen durchführte, setzte ich die Vorgaben einfach um. Das passte nicht ins Bild.

Nach gut einem Jahr kam schließlich das Ende. Ich passte nicht in die Strukturen. Damit stand der Weg frei für die eigentlichen Aufgaben im Bereich der Eier- und Geflügelwirtschaft. Ohnehin hatte ich die Verbandsgeschäftsführung, wohl wissend um die Risiken, nicht vernachlässigt und zum Entsetzen der Agrarlobby im Hintergrund weiter fortgeführt.

Es war dennoch eine äußerst interessante und lehrreiche Erfahrung im Umgang mit anderen Lobbyverbänden, die ich nicht missen möchte. Heute betrachte ich das als einen Intensivkurs für Management und Lebenserfahrung, beides sollte mir im Laufe meiner weiteren Karriere eine wesentliche Hilfe sein.

Die Q&S GmbH ist heute etablierte Kontrollorganisation und wichtiger Bestandteil für Qualitätssicherung und Lebensmittelsicherheit. Ich bin stolz darauf, seinerzeit den Grundstein dafür gelegt zu haben. Wesentliche Elemente, wie sie beim KAT-Kontrollsystem vorhanden sind, fehlen zwar weiterhin, dennoch wird Lebensmittelsicherheit auch mit der Überprüfung auf Einhaltung gesetzlicher Vorgaben als wichtig beurteilt, und das ist nach wie vor sehr gut. Die Prinzipien einer guten Hygienepraxis werden allzu oft ignoriert, und deshalb ist es gut, dass eine Gesellschaft zur Überwachung der Standards existiert. Die Beteiligten sind davon überzeugt, dass alles richtig gemacht wird, vor allem der Lebensmittelhandel, der in den Entscheidungsprozess einbezogen ist.

Im Bereich Futtermittel hat die Q&S GmbH viel erreicht. Ich habe nach dem Eintritt in den Ruhestand Standards für die ökologische Produktion erarbeitet, und die Vorgaben der Q&S sind für mich verpflichtend für die Teilnahme am System.

OVO-Cert – Außenstelle China

Die Kontrolltätigkeit verlief erfolgreich, und es wurde mit der Gründung einer Außenstelle der OVO Cert GmbH in China expandiert. Sitz der neuen Zweigstelle war die Provinzhauptstadt Hefei, eine für chinesische Verhältnisse kleinen Stadt mit 8 Millionen Einwohnern in der Provinz Anuhi. Unterstützung in China bekam die Außenstelle von der damaligen Star Farm, später eine hundertprozentige Tochtergesellschaft der Metro Group. Das Büro der OVO Cert befand sich im gleichen Tower, sodass sich Kontakte zu den Mitarbeitern der Star Farm bei der Gründung als sehr nützlich erwiesen. Ein Unternehmen in China zu gründen war und ist mit hohen Auflagen verbunden und aufwendig.

Der Markt für Kaninchenfleisch hatte mit steigenden Lieferungen auf den deutschen Markt weiter an Bedeutung gewonnen. Das erforderte Kontrollen, denn es musste sichergestellt werden, dass die damaligen Vorgaben der Qualitätsgemeinschaft Kaninchen in Bezug auf Tierschutzaspekte eingehalten wurden. Akkreditierte Kontrollstellen in China gab es für diesen speziellen Bereich noch nicht. Der Grundstein wurde mit einem selbstständigen Büro in Hefei und der Besetzung durch eine sehr qualifizierte Mitarbeiterin gelegt. Die Geschäftsführung oblag der Zentrale in Bonn.

Neben Kaninchen wurden auch Standards für Geflügelfleisch erstellt. China konnte zu der Zeit zwar kein frisches Geflügelfleisch aufgrund von Hygieneanforderungen und tierseuchenrechtlichen Kriterien exportieren, möglich war nur der Handel mit gegartem Fleisch, wodurch die Vorgaben der Keimbelastung und die mikrobiologischen Werte eingehalten werden konnten. Wichtig war vor allem, die Vorgaben in Bezug auf Tierwohl und Rückverfolgung sicherzustellen. Die chinesischen Betriebe hatten großes Interesse daran, weitere Absatzmärkte zu finden. Deshalb stieß die Initiative von EPEGA durchaus auf Interesse. In der Folge sollten Kontrollen über OVO Cert GmbH das sicherstellen. Die Bemühungen des Aufbaus einer neuen Geschäftsstruktur fielen allerdings schnell dem chinesischen Bürokratismus zum Opfer. Die Zulassung für die Provinz Hanoi war kein Problem, wohl aber für ganz China. Die Hürden hierfür waren einfach zu hoch und hätten viele 100.000 € und die Einstellung zahlreicher Mitarbeiter bedeutet. Die Umsetzung von Standards im Bereich der Erzeugung von Kaninchenfleisch (China ist eines der größten Exportländer von Kaninchenfleisch nach Deutschland) waren nur mühsam darzustellen. Tierschutzvorgaben ließen sich schwer umsetzen. Im Rahmen von vielen Besuchen (unangemeldet war nicht möglich) wurden die Vorgaben zwar erfüllt, soweit man eine Kontrolle zuließ. Die Initiative einer eigenständigen Firma in China musste bereits nach einigen Jahren wieder eingestellt werden. Verluste gab es nicht, dafür aber erneut einen hohen Gewinn an Erfahrung.

TEIL **III**

DER WILDHANDEL

Einleitung

Die Jagd hat eine uralte Tradition und diente im Ursprung der Ernährungsgrundlage.

Seit jeher haben Jäger ihr Handwerk und die Bedeutung ihres Tuns in sachlicher oder künstlerischer Form reflektiert und dargelegt. Klassische Jagdautoren finden sich von der Antike bis zur frühen Neuzeit.

Der Handel mit Wildfleisch

Ein Stück Wild soll vom Jäger nicht nur als handwerklich sauber erlegtes Tier angesehen werden, das im rechtlichen Sinn nicht mehr nur als Sache gilt, er soll sich seiner Verantwortung bewusst sein, dass er über Leben entschieden und bei der sogenannten roten Arbeit ein wertvolles Lebensmittel zu versorgen hat. Für das Aufbrechen der erlegten Tiere gibt es Brauchtumsvorschriften, die aber heute nur noch da befolgt werden, wo sie nicht aus Gründen der Fleischhygiene zu verwerfen sind.

Dieses Brauchtum bestand auch noch zu Beginn meiner Karriere beim Verband, dem der Wildbereich zugeordnet war und wo auch die Gremien entsprechend mit Verantwortlichen der Wildbearbeitungsbetriebe besetzt waren. Seinerzeit war das ein Viertel der Mitglieder, sodass diesem Bereich durchaus eine große Bedeutung zukommt.

1980 habe ich die Jägerprüfung erfolgreich bestanden und verfüge seit 40 Jahren über einen Jagdschein, bin somit Insider, was sich im Verlauf meiner Verbandstätigkeit in diesem Bereich als sehr vorteilhaft erwiesen hat.

Die damaligen Mitglieder zählten zu einem honorigen Kreis von Unternehmen, die für sich die Besonderheit in Anspruch nahmen, etwas Einmaliges in Verkehr zu bringen und damit auch höchste Ansprüche der Abnehmer bzw. Verbraucher zu garantieren. Es war eine hochinteressante Aufgabe, zumal ich als Jäger mich der Branche durchaus eng verbunden fühlte.

Das jagdliche Brauchtum beim Gewinnen von Wildfleisch gehört allerdings der Vergangenheit an und ist nicht mehr zeitgemäß. So musste sich auch die Wildbearbeitung diesen Gegebenheiten strenger Hygieneanforderungen anpassen. Das Ziel zu Beginn durchzusetzen war allerdings schwer, althergebrachte Traditionen zu beenden braucht Zeit.

Im Recht der EU mit der Richtlinie (EWG) Nr. 92/45 wurden Regelungen der gesundheitlichen und tierseuchenrechtlichen Fragen beim Erlegen von Wild und bei der Vermarktung von Wildfleisch festgelegt. Um eine rationelle Entwicklung dieses Sektors sicherzustellen und die Produktivität zu steigern, mussten in Vorschriften die Fragen der öffentlichen Gesundheit und der Tiergesundheit hinsichtlich der Erzeugung und Vermarktung von Wildfleisch auf Gemeinschaftsebene geregelt werden. Die Unterschiede in Bezug auf veterinärrechtliche und hygienische Vorschriften in den Mitgliedstaaten sollten beseitigt werden. Es galt, den innergemeinschaftlichen Handel mit Wildfleisch zu fördern, um auf diese Weise zur Vollendung des gemeinsamen Binnenmarktes beizutragen, hohe Ziele, und sie erforderten umfangreiche Anpassungen bei der Gewinnung und Vermarktung von Wildfleisch. Der Verbrauch von Wildfleisch bewegt sich in einer geringen Größenordnung von 0,5 bis 1 kg pro Kopf der Bevölkerung, einschließlich Einfuhren aus benachbarten EU-Ländern und Drittländern, insbesondere aus den osteuropäischen Ländern, Australien und Neuseeland. Wild aus deutscher Jagd wurde und wird nach wie vor zum großen Teil direkt vermarktet und unterlag seinerzeit noch nicht den strengen Vorgaben der EU-Verordnungen, während die Wildbearbeitungsbetriebe sich dem bereits fügen mussten.

Die Lebensmittelindustrie stellte zunehmend höhere Anforderungen an die Lieferanten von Rohstoffen und Fertigerzeugnissen. Gleichzeitig stiegen die Ansprüche seitens der Verbraucher in Bezug auf Qualität und Herkunft der produzierten Lebensmittel. Hinzu kam die wachsende Gefahr von Schadensersatzanforderungen im Falle von Beanstandungen.

Die damalige Wildverordnung der EU-Kommission hatte bereits klare Vorgaben, die entsprechend umgesetzt werden mussten. Mit dem neuen Hygienerecht und der Harmonisierung entsprechender EU-Vorgaben gab es mit den neuen Verordnungen weitergehende spezifische Anforderungen für den Wildfleischbereich.

Hervorzuheben sind neben den Vorgaben für die Herkunftssicherung und Rückverfolgung vor allem die mikrobiologischen Kriterien. Das gab es bisher in der Form für Wild nicht, es bestand Freiraum, was seinerzeit spezielle Anforderungen bei der Gewinnung von Wildfleisch zur Folge hatte. Die Branche bezeichnete den typischen strengen Geruch und Geschmack als Besonderheit für Wild, was aber dem Zeitgeist nicht mehr entsprach. Vor der Zubereitung wurde das Fleisch z. B. in Buttermilch eingelegt, um zu einem verzehrfähigen Produkt zu kommen. Das gehört zum Glück der Vergangenheit an. Für Wild gelten inzwischen die gleichen mikrobiologischen Mindestvorgaben wie für Rotfleisch. Für einige Mitglieder des Verbands war das nicht nachvollziehbar, und man forderte mich auf, etwas zu unternehmen.

Nachstehend eine Übersicht mit Daten und Fakten, die für die Beurteilung sicherlich von Interesse sind und die Größenordnung des Wildhandels verdeutlichen.

Tabelle 3

Einfuhr Wildfleisch

Deutschland, Tonnen	**2007**	**2010**	**2015**	**2019**
Schalenwild, außer Wildschweine				
Gesamt	18.612	17.835	16.862	15.515
EU gesamt	7.070	9.369	11.063	11.823
Ungarn	859	916	1.392	1.854
Polen	2.315	3.084	4.430	4.207
Spanien	442	1.050	2.107	2.326
Drittländer gesamt	11.524	8.466	5.799	3.692
Neuseeland	8.935	5.536	4.827	2.768
Wildschweine				
Gesamt	2.878	1.504	2.297	3.131
EU gesamt	1.110	742	1.384	2.935
Drittländer gesamt	1.769	762	913	196
davon aus Australien	1.351	575	444	66
Hasen				
Gesamt	2.584	869	798	943
EU gesamt	1.141	667	338	822
Argentinien	1.391	159	396	90

Quelle: Stat. Bundesamt, DJV, eigene Recherche, 2020

Etwa ein Drittel der Versorgung mit Wildfleisch stammt aus anderen Ländern, insbesondere aus Osteuropa, wo Jagd nach wie vor eine große Tradition hat, auch bedingt durch den zugenommenen Jagd-Tourismus. Das Wildaufkommen ist in diesen Ländern sehr hoch.

Insgesamt ist die Tendenz der Einfuhren jedoch leicht rückläufig. Vor allem Hasen werden in weitaus geringerem Umfang importiert, verursacht durch den starken Rückgang der Lieferungen aus Argentinien.

Tabelle 4

Versorgung Wildfleisch

Deutschland	**Jagdjahr 2019/20 (1. April-31. März)**		
Jagdstrecke 1.4. bis 30.3.	Tonnen	Wert, 1.000 €	Anteil %
Schwarzwild	35.042	140.168	56
Rotwild	4.629	10.831	8
Damwild	2.221	1.105	4
Rehwild	12.840	64.200	25
Hasen	-	3.003	1

Verbrauch pro Kopf, 0,8 kg

Quelle: Stat. Bundesamt, DJV, eigene Recherche, 2020

Der Anteil aus deutscher Jagd ist im Vergleich zu früheren Jahren mit Ausnahme von Schwarzwild relativ konstant geblieben. Die erhöhte Population führte zu verstärkten Abschussquoten.

Der Verbrauch von Wildfleisch ist mit 0,8 kg pro Kopf der Bevölkerung seit Jahren konstant.

Die Daten stammen noch aus meiner aktiven Verbandszeit. Inwieweit aktuellere Zahlen zur Verfügung stehen, ist nicht bekannt, wobei sich allerdings im Laufe der Jahre nicht viel geändert haben dürfte, sodass die vorstehende Übersicht als repräsentativ zu betrachten ist.

Herausforderungen und Skandale

Leider blieb auch der Handel mit Wildfleisch nicht von Krisen und Skandalen verschont. Der Umgang mit Wild und Hygienevorgaben zur Sicherstellung der Genusstauglichkeit für den Menschen spielen seit jeher eine große Rolle, und dennoch gab es immer wieder Probleme und neue Herausforderungen für die Branche. Dafür nachstehend einige Beispiele.

Radioaktive Belastung von Wildbret

Die Nuklearkatastrophe von Tschernobyl am 26. April 1986 führte zu starken Belastungen mit Cäsium 137. Bestimmte Wildarten sind in einigen Regionen noch immer belastet. Die seinerzeit in Kraft getretene Becquerel-Verordnung der EU legte die heute noch gültigen Grenzwerte in Lebensmitteln mit einem Radiocäsiumgehalt von 600 Becquerel pro Kilogramm fest. Betroffen war vor allem der Schwarzwild. Damals ging der Verbrauch von Wildfleisch drastisch zurück und beschränkte sich auf den Eigenverzehr der Jäger. Da ein Verkauf nicht mehr möglich war, wurden auf Gemeinschaftsjagden die Jäger gebeten, das geschossene Wildbret selbst zu verwerten.

Gammelfleisch

Von Krisen wurde auch der Handel mit Wildfleisch nicht verschont, was auch den neuen Hygieneregeln des Gemeinschaftsrechts geschuldet war. Einige Betriebe kamen der Umsetzung der Kriterien nicht nach, mit der Folge des ersten großen Skandals mit verdorbenem Wildfleisch, verbunden mit umfangreichen Rückrufen des Lebensmitteleinzelhandels. Es handelte sich um einen Mitgliedsbetrieb, leider betraf es die gesamte Branche. In der Folge gab es weitere Befunde, die zu Schließungen von Wildbearbeitungsbetrieben des Verbands führten.

Viele Unternehmen hatten nicht erkannt, worum es ging. Bundesweit eingesetzte Task Forces führten unangemeldete Kontrollen durch und sperrten viele Betriebe, wenn es Hinweise gab, dass Vorgaben nicht eingehalten wurden. Die Wildbranche lag zu der Zeit komplett am Boden, niemand hatte mehr Vertrauen, Wildfleisch zu kaufen, das Risiko einer möglichen Belastung stand im Raum. In der Folge gab es umfangreiche Rückrufaktionen, und der Verband war gefordert. Letztendlich hat das auch die Branche erkannt. Die seinerzeit betroffenen Betriebe haben die Produktion eingestellt oder sich neu orientiert.

Der Verband war gefordert und musste nach Lösungen suchen. Diese bestanden in der Erarbeitung einer guten Hygienepraxis, Eigenkontrolle und entsprechende Vorgaben. Vor dem Hintergrund meiner bisherigen Aktivitäten verfügte ich über hinreichende Erfahrung.

Kriterienkatalog Wild

Auf Grundlage der neuen Verordnung (EG) Nr. 853/2004 durften Lebensmittelunternehmer in der Gemeinschaft hergestellte Erzeugnisse tierischen Ursprungs nur in Verkehr bringen, wenn sie von der zuständigen Behörde als Wildbearbeitungsbetrieb zugelassen worden sind. Das erwies sich für den Verband als Herausforderung. Erstmals wurde über konkrete Standards für die Be- und Verarbeitung von Wildfleisch und einer guten Hygienepraxis diskutiert.

Um zu verhindern, dass Anbieter von einer Flut unterschiedlicher Anforderungen erdrückt wurden, hat der Verband Kriterien für das Gewinnen und Verarbeiten von Wildfleisch erstellt. Der Kriterienkatalog Wild basierte auf gesetzliche Anforderungen der v. g. Verordnung zur Behandlung, Weiterverarbeitung und Vermarktung von Wildfleisch, sollte die praktische Unterstützung eines konsequenten Qualitätssicherungssystems sicherstellen. Das war neu, entsprach aber dem Gedanken der Zeit und den erstellten Vorgaben. Dennoch stieß das bei einigen Mitgliedsbetrieben auf Unverständnis. Die Umsetzung der Vorgaben bedeutete massive Veränderungen der Prozessabläufe und ein Umdenken der bisherigen Praxis.

Die Inhalte des neuen Standards umfassten neben der guten Hygienepraxis vor allem eine effiziente Rückverfolgung innerhalb eines Produktionsprozesses unter Einbeziehung aller beteiligten Stufen, also auch der Jäger als erste Inverkehrbringer. Auf Grundlage der Vorgaben erfolgte zunächst eine Erfassung der notwendigen Stammdaten, darüber hinaus sollten individuelle Parameter zur Verifizierung der jeweiligen Stufen berücksichtigt werden. Die Kriterien konnten in bestehende Qualitätssicherungssysteme implementiert werden und als Tool für die Umsetzung von rechtlichen Anforderungen zur Rückverfolgbarkeit verwendet werden. Das entsprach bereits der Anfang 2002 in Kraft getretenen Basisverordnung zur Sicherstellung der Herkunft und Rückverfolgung von Lebensmitteln.

Das neue Hygienerecht setzte die bisherige Wildrichtlinie außer Kraft. Der Jäger bekam die Auflage, als kundige Person die Erstbeschau durchzuführen, und er galt als Lebensmittelunternehmer, der die Anforderungen an Primärerzeugnisse zu erfüllen und den Wildkörper und alle ausgenommenen Eingeweide auf die gesundheitliche Unbedenklichkeit zu untersuchen hatte. Die eigentliche veterinärrechtliche Untersuchung und Freigabe erfolgte später im Wildbearbeitungsbetrieb. Klein- und Großwild muss vom Jäger spätestens 12 h nach dem Erlegen in eine geeignete Kühleinrichtung verbracht werden und zwischen -1 und +4 °C abgekühlt werden. Damit konnten auch für Wildfleisch die mikrobiologischen Werte eingehalten werden. Soweit nur ein kleiner Auszug aus dem damaligen Wildleitfaden. All das ist inzwischen umfassend dokumentiert und Standard [67] der guten jagdlichen Praxis.

In der weiteren erfolgten Abstimmung gab es auch Gespräche mit Verbänden in Ungarn, Polen, Frankreich und dem deutschen Jagdverband, DJV [68], die ebenfalls Interesse zeigten, Lösungen für die Jägerschaft zu finden. Neben den Kriterien des Wildleitfadens sollte auch eine datenbankgestützte Herkunftssicherung und Rückverfolgung aufgebaut werden. Daraus wurde leider nichts, offenbar sah man die Vorbehalte der Jäger. Auch in den benachbarten Ländern, insbesondere Ungarn und Polen, erwies sich die Bereitschaft einer Zusammenarbeit, trotz anfänglich guter Lösungsansätze als sehr zurückhaltend. Dabei hätte man sehr viel erreichen können, denn Wildfleisch stammt nicht nur aus deutscher Jagd, sondern wird weltweit gehandelt und besonders in Deutschland in vielfältigem Umfang angeboten.

Die neuen Hygieneregeln und Anforderungen an die Lebensmittelsicherheit führten zwangsläufig zur Schließung vieler Betriebe. Heute wird der Verkauf überwiegend von den Jägern selbst vorgenommen. Es bedarf jedoch einer Zulassung als sog. Ersti-Inverkehrbringer mit den Vorgaben des Hygienerechts. Dazu gehören u. a. geeigenete Räume zum Sammeln von Haarwild nach dem Erlegen (Wildkammern), die über eine aktive Kühleinrichtung verfügen. Außerdem ist für die Bearbeitung und den Verkauf eine entsprechende behördliche Zulassung erforderlich. Der klassische Wildbearbeitungsbetrieb bezieht Wild überwiegend aus den traditionellen Ländern in Osteuropa, aber auch aus Neuseeland und anderen Ländern weltweit.

67 https://www.jagdverband.de/rund-um-die-jagd/wildbret/eigenverbrauch-direktvermarktung-wildhandel

68 https://www.jagdverband.de

Seither hat sich der Markt komplett geändert. Der Anteil der Direktvermarktung über Jagdgenossenschaften oder Jäger ist deutlich gewachsen. Auch diese benötigen eine amtliche Zulassung. Überdies genießen sie das Vertrauen der Verbraucher, die zudem auf Regionalität setzen. Die Zeit der Verbände als Interessensvertretung hat sich damit überholt.

Die direkte Abgabe von Wild oder Wildfleisch ist möglich, wenn keine gesundheitlich bedenklichen Merkmale vorliegen. Es darf nur die Strecke eines Jagdtages abgegeben werden (sogenannte kleine Menge). Das Wild darf nur direkt an Endverbraucher oder den örtlichen Einzelhandel, Gaststätten, Metzgereien weitergegeben werden.

Die Direktvermarktung über den Einzelhandel darf nur im Umkreis von nicht mehr als 100 Kilometern um den Wohnort des Jägers oder den Erlegungsort des Wildes erfolgen.

Mikrobiologischer Status von Wildfleisch

Das neue Hygienerecht und die mikrobiologischen Vorgaben stellten die Branche vor weitere Herausforderungen. Seinerzeit gab der Verband eine fachgutachterliche Reihenuntersuchung zum mikrobiologischen Status von Wildfleisch in Auftrag.

Ziel der Untersuchung sollten Erkenntnisse über die Entwicklung des mikrobiologischen Status von Wildfleisch sein. Bisher wurde das als zweitrangig betrachtet, Wild hatte einen Sonderstatus. Herausgefunden werden sollten verschiedene (traditionelle) Handhabungen, und sie sollten mit Blick auf Auswirkungen auf die Mikrobiologie des Fleisches verglichen werden. Es zeichnete sich ab, dass ein wesentlicher Zusammenhang zwischen dem Zeitpunkt der Kühlung des Fleisches und dessen Qualität besteht und es auf die jeweilige Temperatur ankommt. Zunächst ging es um verschiedene Kombinationen des Zeitpunktes des Kühlungsbeginns von Wildfleisch in der Decke mit verschiedenen Kühltemperaturen. Hier war nachzuweisen, welche Zeit der Tierkörper braucht, bis er die vorgeschriebene Kerntemperatur erreicht hat.

Das abschließende Gutachten der Tierärztlichen Hochschule in Hannover zeigte, dass bei entsprechender Behandlung von erlegtem Wild die mikrobiologischen Vorgaben eingehalten werden können. Damit hat die Initiative des Verbands einen wichtigen Beitrag für das Inverkehrbringen von Wildfleisch im Interesse des gesundheitlichen Verbraucherschutzes geleistet. Skandale über Gammelfleisch gab es seither nicht mehr.

Bleibelastung in jagdlich erlegtem Wild

Ein weiterer Skandal: Bleibelastung in Fleisch von geschossenem Wild. Auslöser war unter anderem ein mit einem Schrotkorn gefundener Hasenrücken in Österreich. Das führte zu einem weitreichenden Rückruf und zu einer kompletten Auslistung von Hasenfleisch im Lebensmitteleinzelhandel. Eigentlich unglaublich, denn die Hasenjagd erfolgt mit Schrot, und für mich war das immer ein Beweis dafür, dass das Tier nicht aus irgendeiner Zucht stammte. Die Reaktion der Lebensmittelüberwachung und der Handelsunternehmen habe ich als völlig überzogen und irrational betrachtet.

Wiederum war der Verband gefragt, etwas zu unternehmen. Gemeinsam mit Behörden und den Jagdverbänden wurde eine breit angelegte Studie zur möglichen Bleibelastung von erlegtem Wild angelegt. Diese sollte die Unbedenklichkeit von bleihaltiger Munition belegen. Bleifreie Munition gab es zu der Zeit kaum, und seitens der Jäger bestand große Skepsis, was die tödliche Wirkung bleifreier Geschosse anbelangte.

Ungeachtet dessen hatten einige Bundesländer bereits ein Verbot bleihaltiger Munition angekündigt. Das erwies sich als äußerst schwieriges Unterfangen, denn sowohl die Jägerschaft als auch die Lobby der Munitionshersteller protestierten. Meines Erachtens ging es den Munitionsherstellern offensichtlich eher darum, noch vorhandene Bestände zu verkaufen, bevor bleifreie Munition auf den Markt kommt.

Ich selber habe zu der Zeit meine Munition auf bleifrei umgestellt. Das hatte keinerlei Auswirkungen auf die Jagd, die neue Munition war im Gegenteil sogar effizienter, da sich diese durch weniger Gewicht und eine höhere Geschwindigkeit positiv auswirkte. Der Tötungseffekt war der Gleiche, auch wenn das von vielen Jägern in Zweifel gezogen wurde.

Das Bundesinstitut für Risikobewertung (BfR) hatte im Rahmen einer Publikation zwar klargestellt, dass für Normalverbraucher keine Gefährdung vorliegt. Dennoch wurde aufgrund der Negativberichterstattung über jagdlich erlegte Wildtiere die Frage der uneingeschränkten Verwendungsfähigkeit dieser Produkte in den Raum gestellt.

Unter Federführung des BMEL und wissenschaftlicher Begleitung des Bundesinstituts für Risikobewertung, BfR [69] führten 2010 der Verband EPG und DJV in einem gemeinsamen Projekt Untersuchungen zu Bleirückständen in jagdlich erlegtem Wild durch. Die Kosten für die Laboruntersuchungen bewegten sich in einer siebenstelligen Größenordnung, aber das Projekt war Grundlage für eine Anpassung der Vorgaben. Inzwischen ist die Verwendung von bleifreier Munition gesetzlich geregelt und trotz aller ursprünglichen Bedenken der Jägerlobby Standard. Der Aufwand für die Bewertung hat sich gelohnt.

---

69 https://www.bfr.bund.de/cm/343/exposition-des-verbrauchers-mit-blei.pdf

Farmwild

Das EU-Recht beinhaltete neben Wildfleisch auch Regelungen der gesundheitlichen und tierseuchenrechten Fragen bei der Herstellung und Vermarktung von Fleisch von Zuchtwild. Analog zum Wildfleisch hat der Verband allgemeine Anforderungen und Kontrollkriterien erarbeitet, die Grundlage für die Zulassung und Einhaltung der Mitgliedsbetriebe sein sollten. Zucht- oder Farmwild wird im Allgemeinen dem Bereich der Landwirtschaft zugeordnet. Die EU-Kommission hat besondere Vorschriften mit der damaligen Richtlinie 91/495/EWG erlassen. Die Vorgaben entsprachen in vieler Hinsicht den Anforderungen des Fleischhygienerechts, das für Rind und Schweinefleisch maßgebend war. Anders als frei lebende Tiere wird gefarmtes Wild in der Regel nicht geschossen, sondern geschlachtet. Damit sind die Hygieneanforderungen leichter umzusetzen, als das bei frei lebenden Tieren der Fall ist. Der vom Verband erstellte Wildleitfaden enthielt deshalb gleichermaßen spezifische Anforderungen und Kontrollkriterien für Farmwild.

Farmwild gehörte zwar nicht zum eigentlichen Aufgabenbereich des Verbands. Dennoch gab es Vorgaben, zumal australische Wildschweine als domestizierte Hausschweine eingestuft wurden und Hirsche in Neuseeland, die zwar frei laufend gehalten werden, aber nicht dem Abschuss unterliegen, ebenfalls in die Kategorie Zuchtwild fallen. Das hatte vermarktungsrelevante Vorteile, denn die Einhaltung von Hygienevorgaben entsprechend den EU-Bestimmungen konnte gewährleistet werden. Die Tiere werden nicht geschossen, sondern wie Rinder und Schweine den Schlachtbetrieben zugeführt und dort weiterverarbeitet. Kühlung und die Einhaltung mikrobiologischer Vorgaben sind leicht umzusetzen. Außerdem zeichneten sich solche Erzeugnisse durch eine sehr hohe Qualität aus. Der damaligen Initiative des Verbands mit Vorgaben für das Inverkehrbringen von Wildfleisch konnten sich die Betriebe in Neuseeland und Australien allerdings nicht anschließen.

Die Kaninchenära

Kaninchen sind ein sehr emotionales Produkt. Die Interessen der Händler und Importeure von Kaninchenfleisch wurden ebenfalls vom Verband Wild- und Geflügel wahrgenommen. Sowohl Vermarkter von Wildfleisch als auch Geflügelhändler hatten Kaninchen im Angebot. Spezifische Vorgaben für die Produktion, d. h. Aufzucht und Mast, gab es zu diesem Zeitpunkt nicht. Jeder versuchte so weit wie möglich, eine erfolgreiche Produktion zu erreichen, dabei war es eher zweitrangig, unter welchen Bedingungen, und dies unterlag seinerzeit auch keiner Kontrolle. Das allgemeine Lebensmittelrecht war Grundlage für die Verarbeitung und Vermarktung, was auch im Rahmen der Lebensmittelüberwachung überprüft wurde. Die Betriebe im Ausland Unterlagen den EU-Bestimmungen, und in den Drittländern gab es entsprechende Zulassungen, aber nicht für die Aufzucht bzw. Mast.

Hauptlieferanten von Kaninchenfleisch waren in der EU Italien, Frankreich und Spanien, aber auch Ungarn und andere Länder in Osteuropa waren am Verkauf beteiligt. Relativ große Mengen stammten darüber hinaus aus China und Argentinien. In Deutschland hat die Erzeugung von Kaninchenfleisch vor allem in den neuen Bundesländern Tradition. Hier war es üblich, dass Hauskaninchen gehalten wurden, für die Vermarktung im Lebensmittelhandel hatte das jedoch kaum Bedeutung. Es gab allerdings auch größere Anbieter und Mäster, die den Einzelhandel belieferten, insbesondere auch für Unternehmen in Bayern und Baden-Württemberg. Allen Betrieben gemeinsam war jedoch die Tatsache, dass es für die Aufzucht keine spezifischen Kriterien gab. Vorgaben wurden auf Verbandsebene in unterschiedlicher Weise dargestellt.

Im Jahr 2006/2007 gab es zunehmend Kritik an den Haltungsbedingungen von Kaninchenfleisch. Tierschützer zeigten schreckliche Bilder in den Medien und verwiesen auf unhaltbare Zustände, und das leider zu Recht. Die Tierschutzorganisation

„Vier Pfoten" veröffentlichte Videomaterial über Kaninchen, die unter nicht artgerechten Bedingungen gehalten wurden. Das führte zur Verunsicherung bei Verbrauchern und dem Lebensmittelhandel. Daraus ergaben sich viele Fragen zu den Haltungsbedingungen, aber auch zur Schlachtung und Verarbeitung.

Es handelte sich um einen überschaubaren Markt, aber immerhin verzehrten die deutschen Verbraucher jährlich über 40.000 Tonnen Kaninchenfleisch. Etwa ein Viertel stammt davon aus EU- und Drittländern (Tschechien, Ungarn, Italien, Frankreich und China).

Qualitätsgemeinschaft Kaninchen

Zur Sicherstellung des Marktes musste etwas unternommen werden. Das war die Geburtsstunde der Qualitätsgemeinschaft Kaninchen [70]. Diese hatte sich zum Ziel gesetzt, sowohl eine artgerechte Haltung der Tiere als auch die Produktsicherheit von Kaninchenfleisch und Kaninchenfleischerzeugnissen zu gewährleisten. Gleichzeitig sollte eine lückenlose Rückverfolgbarkeit Transparenz auf allen Stufen der Wertschöpfungskette schaffen.

Die Vorgaben der Qualitätsgemeinschaft Kaninchen wurden gemeinsam mit Vertretern des Lebensmitteleinzelhandels, Produzenten von Kaninchenfleisch, Vermarktern, dem Tierschutz und den Vier Pfoten erarbeitet. Die Einbeziehung dieser Tierschutzorganisation war eine besondere Herausforderung. Auch das zuständige Referat für Tierproduktion des Bundesministeriums für Landwirtschaft und Ernährung wurde beteiligt, da

70 https://www.dgs-magazin.de/Aktuelles/News/Kaninchenhaltung-Einheitliche-Standards-formuliert,QUlEPTMxNjI3MiZNSUQ9NDYyNw.html

es seitens des Gesetzgebers noch keine verbindlichen Vorgaben für das Halten von Kaninchen gab. Das Angebot aus asiatischen Ländern, vornehmlich China, wurde sehr kritisch betrachtet. Möglicherweise lag es aber auch nur an den deutlich niedrigeren Angebotspreisen. Umso wichtiger erschien es, dass Richtlinien und Vorgaben die Vermarktung und Aufzucht regelten.

Der Kriterienkatalog „Kaninchenhaltung" beinhaltete grundsätzliche Vorgaben, insbesondere für die Haltungssysteme mit zusätzlichen Flächen, Mindesthöhen für Käfige bzw. ausgestaltete Boxen. Dazu gehörte Beschäftigungsmaterial, das zur Verfügung gestellt werden musste. Außerdem sollten erhöhte Flächen ein möglichst artgerechtes Halten sicherstellen. Kaninchen wurden zu der Zeit in sehr engen Käfigen gehalten, vergleichbar der Legehennen-Haltung, und dies stand damit unter massiver Kritik, die durchaus berechtigt war. Allerdings folgten Argumente der Halter, dass in diesen Anlagen die Beurteilung des Gesundheitszustands besser kontrolliert werde konnte – und es werde Kannibalismus verhindert. Im Vordergrund stand allerdings das Interesse, möglichst viele Tiere auf wenig Platz aufzuziehen und zu mästen. Diese Art der Haltungsbedingungen konnte von der Qualitätsgemeinschaft keineswegs akzeptiert werden. Die Regelungen der Legehennen-Haltung – hier gab es ausgestaltete Käfige mit zusätzlichem Equipment – sollten auch für die Aufzucht und Mast für Kaninchen Mindestvorgabe werden.

Für den Tierschutz „Vier Pfoten" war das nur eine Übergangslösung. Man forderte die sogenannte Bodenhaltung oder besser die Freilandhaltung. Letzteres war allerdings mit Problemen verbunden, da Kaninchen lebhafte Tiere sind, die sich durch das Graben von Löchern und Gängen Freiraum verschaffen können. Deshalb konnte die Freilandhaltung nur unter besonderen Bedingungen betrieben werden.

Gefragt war aber auch der Lebensmittelhandel, der in dem Entscheidungsprozess über die Ausgestaltung von Kriterien einen wesentlichen Einfluss über den Einkauf hatte. Einerseits sollte die Versorgung des Marktes sichergestellt werden, was mit einer konsequenten Umsetzung kaum möglich gewesen wäre, andererseits wurde nach Übergangslösungen gesucht, die einen schrittweisen Aufbau der neuen Anforderungen vorsahen. Später sollte die Bodenhaltung als Mindestvorgabe gelten.

In Deutschland war die Bereitschaft durchaus gegeben. Aber der massive Konkurrenzdruck aus den benachbarten Ländern, insbesondere China mit sehr niedrigen Preisen, machte das nahezu unmöglich. Der Katalog wurde deshalb auch an Produzenten in anderen Ländern vermittelt. Gespräche mit wichtigen Anbietern in Italien und Spanien sollten Lösungen bringen. Das erwies sich als schwierig. Dennoch wurde schrittweise das neue System eingeführt, denn die Vermarktung in Deutschland hatte einen sehr hohen Stellenwert.

In China zeigte man ebenfalls Bereitschaft, Umstellungen vorzunehmen. Zuvor gab es auch zahlreiche Kontakte zur chinesischen Regierung und den dortigen Kontroll- Behörden China Quality Certification Center, CQC und China Certification & Inspection Group CCIC [71]. Auch hier war der Eindruck durchaus positiv und viel versprechend. Es gab eine intensive Zusammenarbeit, was den Einstieg erheblich erleichterte. Man hatte ebenso Interesse an einem funktionierenden Markt wie auch hierzulande die Importeure. Ich habe viele Betriebe aufgesucht, auch gemeinsam mit einem Vertreter der Tierschutzorganisation Vier Pfoten. Wir konnten uns davon überzeugen, dass es erste Schritte in die richtige Richtung gab. Es gab viele große Produktionsstätten. Es mangelte allerdings an der Kontrolle zur Überwachung über die Umsetzung der Vorgaben. Das sollte die zur Geschäftsstelle gehörende Kontrollorganisation OVO Cert GmbH übernehmen, nachdem die Verhandlungen mit ortsansässigen Zertifizierungsstellen in China scheiterten.

---

71 https://de.wikipedia.org/wiki/China_Quality_Certification_Center

Die zu diesem Zeitpunkt schon in China ansässige Niederlassung der OVO Cert erhielt den Kontrollauftrag der Qualitätsgemeinschaft Kaninchen mit der Zertifizierung von den Kaninchenbetrieben. Somit konnte sichergestellt werden, dass die Vorgaben tatsächlich umgesetzt wurden. Die erforderliche Schulung und Ausbildung der einheimischen Auditoren erfolgte über die Zentrale in Bonn.

Es gab weitere Herausforderungen. Der Handel mit Kaninchen erstreckte sich auch bis nach Südamerika. Dort sollten die Vorgaben der Qualitätsgemeinschaft ebenfalls umgesetzt werden. Von Deutschland aus war das kaum zu bewerkstelligen, sodass ich eine Kontrollstelle in Argentinien beauftragen wollte. Diese war in Buenos Aires ansässig und weltweit tätig, ein renommiertes Unternehmen im Bereich der Kontrolltätigkeit.

Ich konnte dadurch auch die Mentalität der Südamerikaner kennenlernen. Es ist ein wunderschönes Land, doch die Zuverlässigkeit der Verkehrsmittel ist nicht immer gegeben, meine Hin- und Rückflüge nach Mar del Plata, die Ostküste von Südamerika, wurden gestrichen, auch der Rückflug konnte nicht wahrgenommen werden, sodass ich mit dem Auto die lange Strecke absolvieren musste. Glücklicherweise wurde die Fahrt von dem dortigen Kaninchenbetrieb organisiert, und das Problem war gelöst. Vor Ort wurden die Gegebenheiten kontrolliert, mit einem durchaus zufriedenstellenden Ergebnis, sodass einer Teilnahme am System nichts entgegenstand. Das Problem waren aber die Kontrollen und die Suche nach einer geeigneten Zertifizierungsstelle. Ursprünglich sollte das Unternehmen in Buenos Aires beauftragt werden, sodass das Projekt scheiterte.

Unüberwindbare Hindernisse

Das Thema Kaninchen war allerdings nicht gelöst. Selbst die Betriebe in den angrenzenden Ländern Deutschlands, wie Ungarn oder Italien, zeigten am Ende nicht die Bereitschaft, die Vorgaben umzusetzen. Das war allerdings auch dem Handel geschuldet, der Wert darauflegte, ausreichend Kaninchenfleisch für seine Märkte zu bekommen und weiterhin Zukauf aus den eigentlich nicht mehr zugelassenen Haltungen tätigte. So fiel es schwer, die neuen Vorgaben durchzusetzen. Am Ende gaben Verfügbarkeit und Preise den Ausschlag. Dabei wäre es für den Einkauf der Lebensmittelketten ein Leichtes gewesen, Druck gegenüber den Kaninchenhaltern aufzubauen. Nur wenige Kaninchenhalter installierten neue Anlagen, während das Gros weiterhin auf Käfige setzte. Auch seitens der Tierschutzorganisationen kam immer mehr Kritik auf – und in der Folge eine rechtliche Auseinandersetzung vor einem Landgericht. Die Qualitätsgemeinschaft hatte den Prozess verloren, obwohl im Grundsatz alle Kriterien erfüllt wurden. Der Tierschutz sah das anders und obsiegte.

Die fehlende Unterstützung der Marktbeteiligten und Handelsunternehmen erschwerten die Fortführung der Initiative zunehmend. Bisherige Ausnahmeregelungen als Übergangslösung für die Umstellung waren nicht zielführend und inakzeptabel. Das betraf auch die ständigen Auseinandersetzungen mit dem Tierschutz. Es wurden Vorgaben gestellt, die nicht einzuhalten waren. Ich habe deshalb jedwede Übergangsregelungen ausgesetzt und auf eine 100-prozentige Einhaltung bestanden. Keine Käfighaltung, sondern nur noch Boden- oder Freilandhaltung. Damit war das Ende der Initiative besiegelt und eine glaubwürdige Fortführung der Geschäfte nicht mehr möglich.

Der Tierschutzverein Vier Pfoten blieb interessanterweise in China aktiv. Laut offizieller Darstellung wurden die zahlreichen Kaninchenbetriebe, die auf Käfighaltung verzichteten, aufgesucht und zertifiziert. Nach dem bestandenen Audit wurden die Vorgaben nach Aussage der Vier Pfoten tatsächlich eingehalten.

Eine weitere Kontrolle fand offenbar nicht statt, außerdem vermisste ich eine datenbankgestützte Herkunftssicherung und Mengenflussüberprüfung.

Kaninchen aus Bodenhaltung mit Herkunft China werden in vielen Bereichen des Lebensmitteleinzelhandels angeboten, erstaunlicherweise zu Preisen, die auf dem Niveau der in herkömmlichen Käfigen aufgezogenen Tiere basieren. Offenbar kann man einfach kostengünstiger produzieren als hierzulande. Das ist aber auch ein Beweis dafür, dass es auch Tierschutzorganisationen eigentlich um Gewinne geht, und ein Agreement, zu welchen Konditionen auch immer, scheint das durchaus zu ermöglichen. Eine Beweislage gibt es dafür allerdings nicht, sodass es jedem selbst überlassen bleibt, dieses Vorgehen zu interpretieren. Fest steht, dass medienwirksame Kampagnen sehr viel Geld in Form von Spenden ermöglichen. Es geht dabei um viele Millionen Euro. Die Kaninchenära hat für einige Tierschützer sicherlich mit dazu beigetragen.

Wachteln

Anfang 2010 kam der Gedanke, Vorgaben für die Aufzucht und Mast von Wachteln zu erarbeiten. Es gab dafür keine spezifische gesetzliche Grundlage. Man orientierte sich im Wesentlichen an Vorgaben der Legehennen-Haltung. Standard war, dass die Tiere in Käfigen gehalten wurden, die sehr klein waren, alles andere als eine artgerechte Tierhaltung. Zu Recht haben das Tierschutzorganisationen beanstandet. Die negative Berichterstattung in den Medien führte dazu, dass der Lebensmitteleinzelhandel vielfach kein Fleisch und keine Eier von Wachteln mehr verkaufte.

Einige Betriebe, die Handel mit Wachteleiern und Fleisch im Angebot hatten, waren Mitglied im Verband des Wild- und

Geflügel- Groß- und Außenhandels und erwarteten vom Verband Unterstützung.

Es wurde ein entsprechender Leitfaden für Wachteln mit Vorgaben auf Grundlage der Legehennen-Haltung erstellt, an dessen Umsetzung auch Wirtschaftsbeteiligte einbezogen wurden. Auf Käfige sollte verzichtet werden, stattdessen gab es den Versuch, Volieren-Systeme zu entwickeln. Wachteln gehören zu den flugfähigen Vögeln, sodass eine Freilandhaltung, wie sie bei den Legehennen üblich ist, nicht in Betracht kam. Für den Auslauf ins Freie mussten besondere Vorkehrungen getroffen werden. Parallel wurden Standards für die Mast in Bodenhaltung entwickelt, wie sie vor allem in Frankreich und Spanien erfolgreich praktiziert wird.

Der Kriterienkatalog „Wachteln“ für die Eier- und Fleischerzeugung wurde Vorgabe und umgesetzt. Damit kehrte Vertrauen in den Markt zurück und Hoffnung auf eine Normalisierung. Die Kontrolle der Wachtelhaltung sollte KAT zugeordnet werden. Das fand vor allem Unterstützung beim Lebensmitteleinzelhandel, der ein besonderes Interesse daran hatte, Erzeugnisse von Wachteln aus artgerechter Haltung in den Verkauf zu bringen.

Mein Ruhestand

In der zurückliegenden Verbandstätigkeit wurde vieles und Außerordentliches erreicht. Das Verbot der Käfighaltung, das Verbot des Kürzens von Schnäbeln bei den Legehennen und das Verbot des Tötens männlicher Küken waren einige der herausragenden Dinge, die ich begleiten durfte und für die ich mitverantwortlich war. Eine der größten Herausforderungen war allerdings die Kennzeichnung auf dem Ei, weltweit einmalig, und sie wird immer wieder als Steilvorlage für weitere Herkunfts- und Rückverfolgungssysteme betrachtet. Bisher gibt es allerdings keine echten Kopien dieses einmaligen Systems, ich bin stolz darauf.

Schade, mit dem so zuversichtlich Begonnenen aufzuhören. Aber dennoch war es im Alter von 65 Jahren die richtige Entscheidung. Der Druck, der mir gegenüber aufgebaut wurde, war einfach zu groß. Aber es hat viel Freude bereitet, etwas bewegen zu können.

Eines habe ich leider nicht geschafft, und zwar die chargenbezogene Herkunftssicherung. Das war immer mein Steckenpferd und hätte für eine (fast) 100-prozentige Sicherstellung gesorgt. Vertreter der Eierwirtschaft haben mit Erfolg versucht, das zu verhindern. Dem Etikettenschwindel wäre endgültig das Handwerk gelegt. Die internen Verflechtungen und Handelsbeziehungen zwischen den Vermarktern sind mit viel Geld und Gewinn verbunden. Somit gibt es nach wie vor Handlungsbedarf, und ich wünsche mir, dass meine Nachfolge entsprechende Motivation aufbringt, um dieses zu unterbinden. Es geht um Vertrauen und das ehrliche Umgehen mit Lebensmitteln, für die wir alle bezahlen. Es ist wichtig, dass das, was auf dem Etikett steht, auch tatsächlich vorhanden ist.

Aus dieser Motivation heraus habe ich mit dem Eintritt in den Ruhestand allerdings weitere Aktivitäten entwickelt. Die Biobranche war für mich immer eine gewisse Grauzone. Mit der Gründung der IG Bio-Initiative [72] als neuer Standardgeber für ökologische Produkte möchte ich im Interesse der Branche und Verbraucher neue Akzente setzen. Darüber hinaus habe ich die gemeinnützige CD Consulting gUG gegründet. Zweck beider Organisationen ist die Förderung des Tierschutzes, der Verbraucherberatung, Verbraucherinformation und Verbraucherschutz und des ökologischen Landbaus.

---

72 https://www.ig-bio.de

Die Initiativen haben sich am Markt etabliert, und es gibt zahlreiche Veröffentlichungen und Gutachten aus den unterschiedlichen Bereichen der ökologischen Produktion, Tierwohl, Verbraucherschutz und der Bewertung von Standards und Siegeln.

Das motiviert zu einer weiteren Publikation.

DANKE

Ich möchte an dieser Stelle allen, die meinen Weg begleitet haben, für die Unterstützung meiner Arbeit danken. Ohne diese Personen wäre die Arbeit in den Verbänden und Organisationen nicht möglich gewesen. Ich habe in meinem Beitrag bewusst auf Namen verzichtet.

Meinen besonderen Dank möchte ich dennoch allen aussprechen, die sich angesprochen fühlen. Sie haben in besonderem Maße meine Arbeit und vor allem die Interessen der Verbände und Organisationen unterstützt.

Mein besonderer Dank gilt aber vor allem auch den Mitarbeiterinnen und Mitarbeitern der Geschäftsstelle, ohne die alles nicht möglich gewesen wäre. Es waren schöne und vertrauensvolle Zeiten, die ich vermisse, und ich bin froh, dass es nach den vielen Jahren seit meinem Eintritt in den Ruhestand immer noch eine Kommunikation und einen Austausch gibt.

QUELLEN- UND ABBILDUNGSVERZEICHNIS

1 ZMP – https://de.wikipedia.org/wiki/Zentrale_Markt-_und_Preisberichtstelle_für_Erzeugnisse_der_Land-,_Forst-_und_Ernährungswirtschaft (Letzter Zugriff September 2020)

2 CMA – https://www.spektrum.de/lexikon/ernaehrung/centrale-marketing-gesellschaft-der-deutschen-agrarwirtschaft-mbh/1569 (letzter Zugriff Oktober 2020)

3 CMA – https://de.wikipedia.org/wiki/Centrale_Marketing-Gesellschaft_der_deutschen_Agrarwirtschaft (letzter Zugriff Oktober 2020)

4 Absatzfond – https://de.wikipedia.org/wiki/Absatzförderungsfonds_der_deutschen_Land-_und_Ernährungswirtschaft (letzter Zugriff September 2020)

5 AMI – https://www.ami-informiert.de/ami-maerkte (letzter Zugriff Dezember 2020)

6 ZDG – https://zdg-online.de (letzter Zugriff Dezember 2020)

7 Marktinfo – https://www.marktinfo-eier-gefluegel.de (letzter Zugriff Dezember 2020)

8 Grzimek – Das Eierbuch von Professor Dr. Dr. Bernhard Grzimek, überarbeitet von Fritz Puch, Erscheinungsjahr unbekannt.

9 MEG – https://www.meg@ulmer.de

10 EPEGA – https://www.epega.org/pages/zve/index.html

11 Bundesverband Deutschen Eiprodukten-Industrie – https://www.epega.org/pages/bvep/index.html (letzter Zugriff Oktober 2020)

12 Forschungskreis der Ernährungsindustrie – https://www.fei-bonn.de (letzter Zugriff Oktober 2020)

13 EEPA – http://www.eepa.info/About/Default.aspx

14 ELS – https://bonn.city-advisor.de/els-eier-logistik-systeme-gmbh/(letzter Zugriff November 2020)

15 EUWEP – https://www.euwep.org ((letzter Zugriff November 2020)

16 EEPTA – http://www.eepta.eu

17 EEPA – http://www.eepa.info
18 CVOPA-COGEGA – https://copa-cogeca.eu/Menu.aspx (letzter Zugriff Dezember 2020)
19 EuroCommerce – https://www.eurocommerce.eu (letzter Zugriff Dezember 2020)
20 CELCAA – https://celcaa.eu (letzter Zugriff Januar 2021)
21 IEC – https://www.internationalegg.com (letzter Zugriff Januar 2021)
22 KAT – https://www.was-steht-auf-dem-ei.de (letzter Zugriff Januar 2021)
23 Fraunhofer-Institut – https://www.iais.fraunhofer.de (letzter Zugriff Januar 2021)
24 T-Systems – https://www.t-systems.com/de/en (letzter Zugriff Januar 2021)
25 qualitype – https://www.qualitype.de/de/start/(letzter Zugriff Januar 2021)
26 IFS – https://www.ifs-certification.com/index.php/de/ (letzter Zugriff Dezember 2020)
27 agroisolab – https://www.agroisolab.de/isotopen-analyse-funktion.htm (letzter Zugriff Dezember 2020)
28 Dioxin-Skandal – https://de.wikipedia.org/wiki/Belgischer_Dioxin-Skandal (letzter Zugriff Dezember 2020)
29 EFSA – https://www.efsa.europa.eu/de (letzter Zugriff Dezember 2020)
30 IFS-Certification – https://www.ifs-certification.com/index.php/de/ifs (letzter Zugriff Dezember 2020)
31 BRC – https://certifications.controlunion.com/de/certification-programs/certification-programs/brc-british-retail-consortium (letzter Zugriff Dezember 2020)
32 Geflügelproduktion – https://de.wikipedia.org/wiki/Geflügelproduktion (letzter Zugriff November 2020)
33 Wer zu Wem – https://www.wer-zu-wem.de/handelsmarken/eier-herkunft.html (letzter Zugriff Dezember 2020)
34 WPSA – https://www.wpsa.de (letzter Zugriff September 2020)

35 DFE – https://de.wikipedia.org/wiki/Deutsche_Frühstücksei (letzter Zugriff Juni 2020
36 Wettbewerbszentrale – https://www.wettbewerbszentrale.de/de/home/(letzter Zugriff Juni 2020)
37 Niedersächsisches Justizportal – http://www.rechtsprechung.niedersachsen.de/jportal/?quelle=jlink&docid=KORE221102010&psml=bsndprod.psml&max=true (letzter Zugriff Mai 2020)
38 Deutscher Tierschutzbund – https://www.tierschutzbund.de (letzter Zugriff Juni 2020)
39 NGO – https://de.wikipedia.org/wiki/Nichtregierungsorganisation (letzter Zugriff August 2020)
40 Verbraucherzentrale – https://de.wikipedia.org/wiki/Verbraucherzentrale (letzter Zugriff Juli 2020)
41 foodwatch – https://www.foodwatch.org/de/startseite/ (letzter Zugriff Dezember 2020)
42 PETA – https://www.peta.de(letzter Zugriff Juni 2020)
43 Vier-Pfoten – https://www.vier-pfoten.de (letzter Zugriff Juni 2020)
44 CIWF – https://www.ciwf.org.uk (letzter Zugriff Juni 2020)
45 Albert-Schweitzer-Stiftung – https://albert-schweitzer-stiftung.de (letzter Zugriff Dezember 2020)
46 LWL – https://www.cvdc.de (letzter Zugriff Februar 2021)
47 Bio-Initiative – https://www.bio-initiative.de/newpage911b5712 (letzter Zugriff Februar 2021)
48 Broering – https://www.broering.de/wp/haugh-units-de/(letzter Zugriff Dezember 2020)
49 IFS – https://www.ifs-certification.com/index.php/de/ (letzter Zugriff August 2020)
50 KaN – https://www.kontrollstelle.at (letzter Zugriff August 2020)
51 DAkkS – https://www.dakks.de (letzter Zugriff Februar 2021)
52 Wissen-Kompakt – https://www.wissen-kompakt.eu (letzter Zugriff Dezember 2020)
53 EPEGA – https://www.epega.org (letzter Zugriff August 2020)
54 IPC – https://internationalpoultrycouncil.org (letzter Zugriff August 2020)

55 EPC – https://poultryclub.net/home-epc (letzter Zugriff August 2020)
56 HDE – https://einzelhandel.de/derverband/aufgaben (letzter Zugriff November 2020)
57 BVLH – https://www.bvlh.net/themen/gemeinwohl (letzter Zugriff November 2020)
58 BGA – https://www.bga.de/bga/(letzter Zugriff November 2020)
59 UECBV – http://www.uecbv.eu/en/members.php (letzter Zugriff November 2020)
60 GATT – Wirtschaftslexicon https://wirtschaftslexikon.gabler.de/definition/gatt-35544 (letzter Zugriff November 2020)
61 WTO – https://www.wto.org/index.htm (letzter Zugriff November 2020)
62 IWF – Weltbank https://www.bpb.de/politik/wirtschaft/finanzmaerkte/55457/iwf-und-weltbank (letzter Zugriff November 2020)
63 TTIP – https://ec.europa.eu/trade/policy/in-focus/ttip/index_de.htm (letzter Zugriff Juni 2020)
64 GAP – https://ec.europa.eu/info/food-farming-fisheries/key-policies/common-agricultural-policy/cap-glance_de (letzter Zugriff November 2020)
65 DGS – https://www.dgs-magazin.de/Aktuelles/News/Saisongefluegel-In-200910-kein-Fleisch-aus-Stopfleber-Produktion,QUlEPTg2NTM2MyZNSUQ9NDYyNw.html (letzter Zugriff Mai 2020)
66 BLE – https://www.ble.de/DE/Themen/Ernaehrung-Lebensmittel/Rindfleischetikettierung/rindfleischetikettierung_node.html (letzter Zugriff Mai 2020)
67 DJV – https://www.jagdverband.de/rund-um-die-jagd/wildbret/eigenverbrauch-direktvermarktung-wildhandel (letzter Zugriff Mai 2020)
68 DJV – https://www.jagdverband.de (letzter Zugriff Mai 2020)
69 BFR – https://www.bfr.bund.de/cm/343/exposition-des-verbrauchers-mit-blei.pdf (letzter Zugriff Mai 2020)

70 DGS – https://www.dgs-magazin.de/Aktuelles/News/Kaninchenhaltung-Einheitliche-Standards-formuliert,QUlEPTMxNjI3MiZNSUQ9NDYyNw.html (letzter Zugriff Juli 2020)
71 CQCC – https://de.wikipedia.org/wiki/China_Quality_Certification_Center (letzter Zugriff Mai 2020)
72 IG Bio-Initiative – https://www.ig-bio.de (letzter Zugriff Februar 2021)

TABELLEN UND GRAFIKEN

Bildquellennachweis:

Seite 23, 24, 118, 120, 144: Quelle: EMA, MEG, Caspar von der Crone, CD Consulting gUG, 2020
Seite 153: Quelle: EU-Kommission, Caspar von der Crone, 2018
Seite 25, 122: Quelle: Stat. Bundesamt, MEG, Caspar von der Crone, CD Consulting gUG, 2020
Seite 174, 175: Quelle: Stat. Bundesamt, DJV, Caspar von der Crone, 2020
Seite 28, 102, 124, 127: Quelle: EPEGA, Caspar von der Crone
Seite 84: Quelle: KAT, 2015
Seite 85: WPSA, Quelle: WPSA-Siegel, Deutsche Vereinigung für Geflügelwissenschaft e.V., 2010

Der Autor

Caspar von der Crone, 1950 geboren, promovierte im Bereich Wirtschaftswissenschaften und Management. Er war Hauptgeschäftsführer und CEO diverser Verbände und Organisationen. Der Autor absolvierte gleichfalls ein landwirtschaftliches Studium mit einem Abschluss als Diplom-Ingenieur. Er hat zahlreiche wissenschaftliche Publikationen vorgelegt zum Themenbereich Lebensmittelsicherheit und ökologischer Landbau. Neben seinem leidenschaftlichen Engagement für artgerechte Tierhaltung findet er heute den nötigen Ausgleich beim Golfen und beim Wandern.